Oben: Willkomm Höft und Schulauer Fährhaus;
Seite 1: Blankenese, Strand mit Wracks

Helmut Schwalbach

WILLKOMMEN IN HAMBURG

Die Stadt, die Elbe und der Hafen

Fotos von Andreas Fromm,
Helmut Schwalbach und
Thomas Kunadt

KJM Buchverlag

Die Reihe

wird herausgegeben
von Klaas Jarchow

*Wir danken allen Gesprächspartnern und den Rechtegebern
für die Zusammenarbeit und Mitwirkung!*

Das Werk einschließlich aller seiner Teile ist
urheberrechtlich geschützt. Jede Verwertung ist ohne
Zustimmung der Urheber unzulässig.
Das gilt insbesondere für Vervielfältigungen, Übersetzungen,
Mikroverfilmungen und die Einspeicherung und
Verarbeitung in elektronischen Systemen.

1. Auflage, April 2015
Copyright © 2015 by Klaas Jarchow Media Buchverlag GmbH & Co. KG
Simrockstr. 9a, 22587 Hamburg
www.jarchow-media.de
ISBN 978-3-945465-08-0

Lektorat: Manuela Tanzen
Infografik: infografiker.com
Herstellung und Gestaltung: Eberhard Delius
Bildbearbeitung: Reihs Satzstudio
Druck und Bindung: Freiburger Graphische Betriebe
Printed in Germany
Alle Rechte vorbehalten

Mehr zu den Büchern des KJM Buchverlags
www.hamburgparadies.de

Inhalt

»Die Schiffe, die Sterne, die silberne Ferne« – Die Sehnsucht bleibt 7

DIE ELBE, DIE SCHIFFE UND DER HAMBURGER HAFEN

Willkommen in Hamburg – Die Begrüßung der Schiffe 9
Schiffe, Schiffe, Schiffe – In allen Größen, aus allen Ländern 16
Helfer in anspruchsvollem Revier – Die Lotsen 19
 »Nach wie vor ein wunderbarer Beruf«
  – Interview mit dem ehemaligen Elblotsen Klaus Schade 21
Wegweiser in Rot, Grün und Gestreift – Tonnen und Leuchttürme 23
Hamburg-Wissen – Maritimes 25
Überraschungen sind garantiert – Die Elbe, die Inseln und ihre Tiere 27
 »Ich kam mit der Barkasse zur Schule«
  – Interview mit Volkert Vogler, aufgewachsen auf Neßsand 32
16. Februar 1962 – Die viel zu lange unterschätzte Flut 35
Hamburg-Wissen – Elbe und Wasser 38
 »Eine Beschleunigung des Anstiegs der Fluten ist nicht erkennbar«
  – Interview mit Dr. Sylvin H. Müller-Navarra 40
Das Tor zur Welt der Schiffe – Der Hafen und sein Geburtstag 43
Traumschiffe – Die Kreuzfahrer 45
Tipps: Hadagfähre und Halunder Jet 48/49
 »Die Sicherheit steht an erster Stelle«
  – Interview mit Hafenkapitän Jörg Pollmann 52
Maritime Verkehrslenkung – Die Nautische Zentrale 54
 »Der Seeverkehr ist das Fließband des Welthandels« – Interview
  mit Uwe Beckmeyer, Maritimer Koordinator der Bundesregierung 55
Hamburg-Wissen – Hafen und Schiffe 57

DIE ELBE ENTLANG – VOM WILLKOMM HÖFT BIS ZUM OLYMPIAGELÄNDE

Zu Wasser und zu Land – Beobachtungen entlang der Elbe 62
Der Winter muss brennen – Die Osterfeuer 65
Vom *Schulauer Fährhaus* bis zur *Oberhafenkantine*
– Gastronomie entlang der Elbe 68
 »Es geht auch anders: weg vom Kartoffel-Image …«
  – Interview mit Franz Jost, Küchenchef im *Schulauer Fährhaus* 75
Tipps: *Lütt Falkenstein*, Hirschpark, Lindenterrasse,
 Fahrradtour St. Pauli bis Schulau 76
Hamburg-Wissen – Elbuferorte und -begriffe 78

Tipps: Teufelsbrück, Finkenwerder 82
   »Finkenwerder ist Stadt und Dorf in einem«
   – Interview mit Tina Rahn, Bewohnerin der Elbinsel 83
Tipps: *Rilano Hotel* 84
Wo der »Traumschiff«-Kapitän wohnt – Oevelgönne 85
Tipps: *Le Canard Nouveau* 88
Hamburg-Wissen – Am Elbufer 89
Tipps: *Zum Seeteufel* 90
   »Die Gäste schätzen die klare Linie«
   – Interview mit Wirtin Evelyn Subbert 91
Tipps: Fischmarkt, U-434 94
Tief runter unter die Elbe – Der Alte Elbtunnel 95
Tipps: Weinberg, Landungsbrücken, 96
Der weiße Schwan – Die »Cap San Diego« 97
   »Wieso fährt das Schiff noch?«
   – Interview mit Rüdiger von Ancken 98
Tipps: »Rickmer Rickmers« 99
Eine schwebende Idee – Die Seilbahn über die Elbe 100
Europas größte Flussinsel – Wilhelmsburg und seine Nebeninseln 101
Tipps: Hafenmuseum, Naturschutzgebiet Heuckenlock, Ballinstadt, Südliches Elbufer, *Kaffeeklappe Steinwerder* 104/105
Weltweit einzigartig – Das Lagerhausviertel der Speicherstadt 106
Tipps: Spicy's Gewürzmuseum 109
Schwarze Gang, große und kleine Fische
– Das Zollmuseum in der Speicherstadt 110
Tipps: Miniaturwunderland 110
Das Haus der Schiffe
– Das Internationale Maritime Museum Hamburg 111
Die Legende lebt – Störtebeker 112
Tipps: Stubnitz 113
Tipps: Marco-Polo-Terrassen 114
Hamburg-Wissen – Hamburg allgemein 115
Feuer und Flamme für Olympia
– Über etwas, das man noch nicht sieht 118
Tipps: Entenwerder 119

INS BLAUE

An Land – Ein Seemann und Autor
blickt zurück auf seine Jahre am Elbufer 122

Quellen und Fotonachweis 126

»Die Schiffe, die Sterne, die silberne Ferne«
Die Sehnsucht bleibt

Die Titelzeile stammt aus dem Gedicht »Der Meerwein« von Hans Leip und ist knapp hundert Jahre alt. Der Hafen, die Sehnsucht, die Schiffe, das waren Leips Themen. Als Sohn eines ehemaligen Seemanns und Hafenarbeiters wusste der Hamburger Schriftsteller, einem größeren Publikum durch sein Gedicht »Lili Marleen« bekannt, wovon er schrieb. Was vor fast hundert Jahren stimmte, gilt heute noch. Auch wenn im Hafen inzwischen die Container wie von Geisterhand bewegt werden, schuftende Arbeiter ebenso verschwunden sind wie Lukenvize, Kisten mit Stückgut und Kaffeesäcke. Geblieben sind die Gefühle. Sehnsucht, Fern- und Heimweh, die Faszination der Elbe mit ihrem Hafen und den Schiffen, die ein- und ausfahren.

Wie bei strammem Westwind der Himmel über Hamburg aufgerissen wird, die Wolken zerspleißt werden, die Möwen schreien, während Containerriesen nahezu geräuschlos ihren Liegeplatz ansteuern und knapp über ihnen Beluga-Transportflugzeuge einschweben, das gibt es nur hier. Der Hafen als Ort des Abschieds, des Willkommens, des Wartens oder

Blick von Blankenese elbabwärts

Mitten auf der Elbe, links Airbus, rechts Blankenese

als Fluchtpunkt – je nach Perspektive keimen und wachsen beim Einheimischen wie beim Touristen die Gefühle ganz unterschiedlich. Hofft der Seemann, dass sein Schiff möglichst lange und nahe der Stadt festmacht, säumen Touristen dicht an dicht das Elbufer, wenn Luxusliner wie die »Queen Mary« und andere Traumschiffe den Fluss befahren.

Von der Schiffbegrüßung am Wilkomm Höft in Schulau über die Fähranleger beidseits des Ufers, vorbei an den Airbus-Werkshallen, dem Museumshafen Oevelgönne und der von einem ehemaligen Hamburger Oberbaudirektor zur »Perlenkette« dekretierten Neubau-Silhouette am nördlichen Elbufer führt der Weg der Schiffe bis hinein in eines der vielen Hafenbecken oder Anleger. Egal ob Tuckerboot oder Luxusliner, ob Fischkutter oder Segelyacht – der Lauf des Stroms bestimmt den Kurs.

»Die Schiffe, die Sterne, die silberne Ferne« – das Gefühl am Strom und angesichts der großen Schiffe ist geblieben, es gilt für den Seemann wie für den Freizeitskipper, den an Land staunenden Binnenländer wie für den pensionierten Lotsen, der von seinem Blankeneser Häuschen manchmal wehmütig auf die Elbe blickt. »Droben gleiten«, so reimte Hans Leip in seinem »Meerwein«-Gedicht weiter, »die glücklichen Zeiten.«

DIE ELBE, DIE SCHIFFE UND DER HAMBURGER HAFEN

Willkommen in Hamburg
Die Begrüßung der Schiffe

Wenn es noch Seefahrtsromantik gibt, dann an dieser Stelle. Daran ändern noch so kleine Besatzungen, knappe Liegezeiten oder modernste Technik nichts. Auch wenn an Bord kein Platz für Fernweh- oder Heimweh-Rührseligkeit bleibt, hat sich am Ritual an der vor den Toren Hamburgs gelegenen Schiffsbegrüßungsanlage Willkomm Höft am Schulauer Fährhaus seit Jahrzehnten wenig verändert. Schon vor über 100 Jahren war das Schulauer Fährhaus ein beliebtes Ausflugsziel. Seit 1952 werden an dieser Stelle Schiffe von »Begrüßungskapitänen« empfangen und verabschiedet. Hierfür wird die Hamburger Flagge gesenkt (seemännisch: gedippt) und das Flaggensignal für »Gute Reise« gesetzt. Schiffe mit über 1.000 Bruttoraumzahl, die deutsche Gewässer verlassen, werden zwischen

Schiffsinformationen vom Begrüßungskapitän

elf Uhr morgens und Sonnenuntergang mit der entsprechenden Nationalhymne verabschiedet. Außerdem informiert der diensthabende Begrüßungskapitän über Namen, Nationalität, Baujahr, Reederei und Werft. Wenn bekannt, dann wird auch über Besonderheiten des Schiffes, Tiefgang und Stellfläche für Container referiert. Daten hierüber bietet

Links: Verabschiedung der NORWAY, 22. September 1984

Graf Luckner und Otto Behnke, 1963

neben dem täglichen Hafenbericht eine Kartei mit rund 17.000 Eintragungen. So wird das Willkomm Höft zur Attraktion für Touristen und Einheimische, zum Gruß an die Schifffahrt und ganz nebenbei auch zum Ort der Völkerverständigung.

Wann kommt das nächste Schiff? Diese Frage hört der wachhabende Begrüßungskapitän häufiger. Fakt ist, dass täglich rund 50 Schiffe das Willkomm Höft passieren. Wobei nur die salutfähigen gezählt werden. Kleinere Schiffe werden lediglich durch Dippen gegrüßt.

Neben Zigtausenden Touristen, die seit Juni 1952 dicke Pötte bestaunten, kamen auch zahllose Prominente in das Schulauer Fährhaus. So taufte der »Seeteufel« Felix Graf von Luckner am 2. August 1963 den Mast der Begrüßungsanlage und bekam hierfür vom Willkomm-Höft-Erfinder Otto Friedrich Behnke eine Riesenflasche Rum überreicht. Markig trug sich Graf Luckner damals ins Gästebuch ein: »Es sinkt das Schiff, die Ehre aber nie.« Jahre später schrieb der »Spiegel« wenig Rühmliches über den 1966 gestorbenen Grafen. Unter der Überschrift »Felix der Lügner« berichtete das Nachrichtenmagazin allerlei Unappetitliches. Dem Nachruhm Graf Luckners schadete das kaum.

Vier Wochen nach dem Besuch des »Seeteufels« kam mit dem Hauptmann-von-Köpenick-Darsteller Rudolf Platte jemand zum Willkomm Höft, der fürs Militärische weniger übrig hatte. Raumgreifend später Johannes Heesters' Signatur quer über eine Seite. Quizmaster Peter Frankenfeld (der ganz in der Nähe wohnte), die einstige Bundestagspräsidentin Annemarie Renger, Boxlegende Max Schmeling, Schlagerstar Heino, der »Vater des Wirtschaftswunders« Ludwig Erhard – ging es ums Schiffegucken an prominenter Stelle, waren sie alle dabei. »Herzlich für die Gastfreundschaft« dankte im Juni 1987 Helmut Kohl. Theodor Heuss,

Kreuzfahrtfieber am Willkomm Höft – die Traumschiffe NORWAY (1984) und ALEXANDER PUSCHKIN (1981) werden begrüßt

Aus dem Gästebuch des Schulauer Fährhauses: Einträge von Felix Graf Luckner, Heidi Kabel, Freddy Quinn, Ludwig Erhard, Rainer Barzel, einem Kapitän, Henry Vahl, Walter Scheel, Hans-Joachim Kulenkampff, Udo Jürgens, Hans-Dietrich Genscher und Paul Nevermann

Franz-Josef Strauß, Rainer Barzel, Helmut Schmidt, Roberto Blanco, Uwe Seeler – wer in den Schulauer Fährhaus-Gästebüchern blättert, begibt sich auf politische wie kulturelle Zeitreise ins Nachkriegsdeutschland.

Wenn es heute wie damals aus dem Lautsprecher sonor tönt: »Wir freuen uns, Sie im Hamburger Hafen begrüßen zu dürfen« oder »Hamburg wünscht Ihnen eine gute Reise«, dann wird nicht nur so manchem Seebären an Bord warm ums Herz. Da stört es kaum, dass die Gruß-Kapitäne mit ihren drei goldenen Streifen auf den Schulterklappen streng genommen Erste Offiziere und selten länger zur See gefahren sind. Souverän hantieren die ehemaligen Beamten und Angestellten mit über 150 Nationalhymnen und Flaggen.

Nur einmal in den vielen Jahrzehnten ging etwas gründlich schief. Statt der südkoreanischen wurde die Hymne Nordkoreas gespielt. Mit einer Einladung ins Schulauer Fährhaus wurde der Fauxpas wieder ausgebügelt.

Schiffe, Schiffe, Schiffe
In allen Größen, aus allen Ländern

Als Anfang des Jahres 2015 die CSCL GLOBE der Reederei China Shipping Group in Hamburg festmachte, war sie nur rund zur Hälfte beladen. Das zu diesem Zeitpunkt mit 400 Metern größte Containerschiff der Welt hätte vollbeladen die Elbe nicht passieren können. Mit nur noch 12,80 Meter Tiefgang war es dem Containerschiff noch möglich, im Hamburger Hafen überhaupt festzumachen. Vollbeladen mit 19.000 Containern liegt die CSCL GLOBE 16 Meter tief im Wasser. Der Rekord des Containerschiffes war nur von kurzer Dauer. Obwohl ein paar Meter kürzer als die CSCL GLOBE, kann die MSC OSCAR mit 19.224 Standardcontainern mehr Boxen aufnehmen als jeder andere Mega-Carrier. Würde man die Container hintereinander aufreihen, wäre die Schlange gut 116 Kilometer lang.

Containerschiffe könnten noch weiter wachsen. Ingenieure und Konstrukteure halten sogar Schiffe mit 24.000 Containern Ladekapazität für möglich. Mit fatalen Folgen für kleinere Häfen oder solchen mit zu flacher Fahrrinne. Wer die Containerriesen als Kunden empfangen will, muss entsprechende Hafenanlagen bereitstellen. Die MSC OSCAR legte im März 2015 erst am North Sea Terminal in Bremerhaven, danach in Wilhelmshaven an. Mit dem Jade Weser Port ist hier der einzige Hafen in Deutschland, den Schiffe unabhängig von Tiefgang, Beladung und Wasserstand anlaufen können. Hier zeigt sich, dass Hamburg an seine Grenzen stößt. In den vergangenen 200 Jahren hat sich die Tiefe der Fahrrinne vervierfacht – irgendwann ist Schluss. Dann schrammt die Baggerschaufel an den Elbtunnelröhren entlang.

Containerfrachter verlassen den Hafen

ANTHEM OF THE SEAS vor den Oldtimern in Oevelgönne

Deutlich ausgeprägter als an Frachtschiffen ist das Interesse von Touristen und Hamburgern an Oldtimern und Luxuslinern. Besonders beim Hafengeburtstag sind die Begrüßungskapitäne am Wedeler Willkomm Höft gefordert. Wenn dann die vielen kleinen Traditionssegler begrüßt werden, schallen ununterbrochen Nationalhymnen aus den Lautsprechern. So musste in einem Jahr ein Begrüßungskapitän in drei Stunden 48-mal die holländische Nationalhymne abspielen.

Auch nach Jahrzehnten der Schiffsbegrüßung erleben die Männer im Schulauer Fährhaus immer wieder neue Situationen. So etwa die Ankunft von drei Schiffen der chinesischen Marine im Januar 2015. Eine Premiere für 800 Seeleute aus dem »Reich der Mitte« wie für Hamburg. Es war erst der zweite Besuch der Marine der Volksrepublik China in Deutschland. Beim ersten Besuch hatten die Gäste im Wilhelmshavener Marinestützpunkt festgemacht. Beim Besuch in Hamburg lag das Docklandungsschiff CHANG BEISHAN direkt an der Überseebrücke, die Fregatte YUN CHENG und das Versorgungsschiff CHAO HU am Cruise-Terminal der HafenCity.

Hier liegen sonst die Lieblingsschiffe aller maritim Interessierten. Hier wurde MEIN SCHIFF 3 von Helene Fischer getauft. Hier machen die QUEEN MARY 2, die Luxusschiffe EUROPA und EUROPA 2 fest. Filmdiva Sophia Loren ging im März 2010 hier an Bord des Kreuzfahrtschiffs MSC MAGNIFICA, um es vor den Landungsbrücken zu taufen. Vor der Taufparty gab Popmusiker Eros Ramazzotti ein Konzert im Theater an Bord und sang seinen Hit »Più bella cosa«.

Dicht an dicht stehen die Menschen bei Schiffstaufen, Ein- und Auslaufparaden. Sie säumen die Ufer und freuen sich über gigantische Feuerwerke. Fahr- und Kreuzfahrtschiffe, Barken, Barkassen und Briggs,

Abendliche Schiffsbegegnung vor Blankenese

Gaffel- und Topsegelschoner, Feuerschiffe und Fregatten, Eisbrecher und Segelschulschiffe – auf der Elbe sind sie alle zu sehen. Einige sind nur zu Besuch, andere liegen in Museumshäfen.

Sie tragen Namen wie AIDASOL, ANTIGUA und BUSSARD, ELBE 2 und HOOP OP WELVAART, am Heck wehen Nationalflaggen aus aller Welt.

Etwa 10.000-mal laufen Seeschiffe den Hamburger Hafen pro Jahr an. Etwa 5.000-mal kommen Containerschiffe. Alle müssen auf ihrem Weg in den Hafen am Willkomm Höft in Schulau vorbei. Ob sie 400 Meter lang wie die CSCL GLOBE sind oder gerade mal 1.500 Tonnen laden können und RENATE heißen.

Mit 20 Knoten zum nächsten Schiff

Helfer in anspruchsvollem Revier
Die Lotsen

Der maritim, zugleich literarisch interessierte Leser denkt bei dem Begriff Lotse immer auch an Mark Twain (1835–1910), einen bedeutenden Vertreter des amerikanischen Realismus. Unter seinem eigentlichen Namen Samuel Langhorne Clemens plante er ursprünglich, Lotse auf dem Mississippi zu werden. Er begann 1857 eine entsprechende Ausbildung und arbeitete ein paar Jahre in dem Beruf. Auch wenn er anschließend Schriftsteller wurde, begleitete ihn ab 1863 zeitlebens ein auf dem Mississippi gebräuchlicher Begriff – »Mark Twain«. Das bedeutete so viel wie: zwei Faden Tiefe, rund 3,65 Meter, im angelsächsischen Raum vier Yard oder auch zwölf Fuß. Auf dem flachen Mississippi musste damals, Echolote wurden erst im Ersten Weltkrieg entwickelt, die Wassertiefe häufig gelotet werden, um nicht auf Grund zu laufen.

Das ist auch heute noch, neben der Gefahr der Kollision, die größte Sorge an Bord von Schiffen. Deshalb geht überall, wo die Strömung tückisch, die Sände wechselhaft, das Fahrwasser schmal wird oder der Nebel pottendick zur undurchdringlichen Suppe gerinnt, ein Lotse an Bord. Auf dem Mississippi, der Themse, der Elbe und anderswo. Interessant ist auch die sprachliche Pirouette, die der Begriff Lotse gedreht hat. Ursprünglich aus dem englischen »Loadsman« (Geleitsmann) kommend, heißt der Lotse heute im Englischen »Pilot«. Das steht auch auf den Lotsenbooten auf der Elbe. Die sind regelmäßig zwischen Blankenese und Teufelsbrück hautnah zu erleben. Ein untrügliches Zeichen für den Lot-

Hafenlotsenstation

sen selbst ist dabei die Umhängetasche. Denn wenn er an oder von Bord geht, braucht er beide Hände für die senkrecht über der Bordwand hängende, häufig feuchte, manchmal vereiste Lotsenleiter. Am Fähranleger Teufelsbrück erkennt man die Lotsen untrüglich an ihren Wetterjacken und eben den Umhängetaschen.

Ob ein Lotse zur Pflicht für die Einfahrt in den Hamburger Hafen wird, hängt von ganz verschiedenen Faktoren ab. Dazu zählen die Schiffsgröße und die Art der Ladung. Bei gefährlichen Gütern an Bord gilt die Pflicht, einen Lotsen an Bord zu nehmen.

Die Elbe zählt europaweit zu den längsten und anspruchsvollsten Revieren. Unabhängig von der Tide können Schiffe mit einem Tiefgang bis 12,80 Meter die Elbe befahren. Bei Hochwasser schaffen das auch Schiffe, die 15,10 Meter tief gehen. Kapitäne, die mit ihrem Schiff nach Hamburg wollen, nehmen bei der Tonne »E3« in der Deutschen Bucht einen Elblotsen an Bord. Er ist, streng genommen, nur Berater des Kapitäns, führt das Schiff bis an die Hafengrenze, wo dann ein Hafenlose den Rest erledigt. Die Lotsenbrüderschaft Hamburg ist eine Körperschaft des öffentlichen Rechts und unterliegt der Aufsicht des Bundesministeriums für Verkehr. Gelotst wird an 365 Tagen im Jahr, rund um die Uhr.

Lotsen waren schon im 14. Jahrhundert bekannt. Ortskundige Fischer wiesen damals schon Schiffen den Weg in den Hafen. Zu dieser Zeit wurden sie »Loots« oder auch schon »Piloten« genannt. Die älteste deutsche Lotsregelegung ist die »Hamburger Pilotageordnung« von 1656, die für Lotsen eine staatliche Zulassung vorschreibt. Waren jahrhundertelang Lotsen ausschließlich Männer, so tut sich auch hier etwas: Immerhin zwei Frauen fahren zur Zeit als Elblots(inn)en. Wer Seelotse werden will, muss eine langjährige Ausbildung absolvieren. Der Prüfung zum Kapitän auf großer Fahrt folgen zwei Jahre Berufserfahrung an Bord und eine weitere achtmonatige Ausbildung zum Seelotsen. Das Gehalt eines freiberuflich arbeitenden Seelotsen ist an das eines Kapitäns auf großer Fahrt angelehnt.

War es bis vor einigen Jahren fast wie ein Lottogewinn, einen Job als Lotse zu bekommen, wird heute dringend Nachwuchs gesucht. Denn in

Hamburg werden gar keine Kapitäne mehr ausgebildet, und der Beruf des Seemanns ist für viele unattraktiv geworden. Grund hierfür sind die bunt zusammengewürfelten Besatzungen sowie die Hafenliegezeiten im Bereich weniger Stunden. So haben sich mehr und mehr deutsche Seeleute in der Vergangenheit an der kurzen Fahrensweit von Mark Twain orientiert. Der ging nach sechs Jahren von Bord, um nur noch als Passagier wiederzukommen.

»Nach wie vor ein wunderbarer Beruf«
Interview mit dem ehemaligen Elblotsen Klaus Schade

Klaus Schade, Jahrgang 1940, absolvierte die früher klassische Laufbahn eines Seemanns vom Moses bis zum Kapitän. Nach Jahren als Nautischer Schiffsoffizier wurde der gebürtige Blankeneser anschließend Lotse. Klaus Schade war in siebter Generation Seemann – sowohl väterlicher- wie mütterlicherseits. Der Vater war Kapitän auf einem Segelschiff, die drei Brüder und alle Cousins fuhren ebenso zur See.

Herr Schade, Sie sind mehrere Jahre zur See gefahren, waren dann lange Elblotse. Woran erinnern Sie sich aus der Anfangszeit Ihrer Karriere besonders gern?
Schon auf der Schiffsjungenschule am Falkenstein hat es geholfen, wenn man erfuhr, wer mein Vater war. Unser Vater fuhr als 1. Steuermann und damit als Ausbilder auf Segelschiffen und muss einen guten Ruf gehabt haben.

Später waren Sie oft monatelang unterwegs. Wie war das, wenn Sie etwa von einer Indonesienreise nach Hamburg heimkehrten?
Das Erreichen der Elbmündung bei Feuerschiff ELBE 1 war spannend: Kannte man vielleicht den Lotsen, war es vielleicht ein Verwandter? Wenn wir die Schiffsbegrüßungsanlage in Wedel, wenig später Blankenese passiert hatten, war das der Höhepunkt. Aufregung war angesagt. Kam das Schiff dann an den Häusern unserer Familien vorbei, wurde fleißig gewunken, oft zur Begrüßung getutet und sogar die Flagge gedippt.

Als Lotse waren Sie auf zahllosen Schiffen vieler verschiedener Nationen. Wie re-

21

agierten die Seeleute an Bord dieser Frachter auf die Schiffsbegrüßung am Willkomm Höft?
Das wird überwiegend dankend zur Kenntnis genommen. Für uns aber war es früher etwas ganz Besonderes, weil wir an der Elbe groß geworden waren: Jetzt waren wir zuhause!

Wie hat sich die Seefahrt insgesamt verändert?
Die technischen Möglichkeiten von heute machen es möglich, manches schlanker zu gestalten. Musste z.B. früher immer durch Matrosen von Hand gesteuert werden, so kann das heute oft eine zuverlässige Selbststeueranlage. Bei deren Bedienung beteiligt sich auch der Lotse. Und lange Wege zur Verständigung gibt es nicht mehr, jeder ist per Funk flink an dem Platz erreichbar, an dem er benötigt wird.

Die Besatzungsstärke hat sich dabei radikal verringert.
Sogar auf kleinen Schiffen waren wir früher teilweise 40 Mann Besatzung. Heute gibt es große Containerschiffe, die im Test mit acht Leuten fahren. Da muss dann der Koch mit raus zum Festmachen.

Was hat sich, unabhängig von der Technik, atmosphärisch an Bord verändert?
Ein Gemeinschaftsleben an Bord sieht heute sicher anders aus. Früher war das Schiff unser Zuhause, das Bordleben wurde durch kurzen Urlaub daheim unterbrochen. Wurden früher z.B. Mahlzeiten oft in gemütlichen Messen mit Bedienung eingenommen, ist dieses einem modernen Cafeteria-Betrieb gewichen. Viele Faktoren im Ablauf des heutigen Bordlebens machen Straffungen möglich und nötig.

Was ist von der Seefahrtsromantik, wenn es sie überhaupt je gegeben hat, heute noch geblieben?
Wir haben oft viele Tage in den Häfen gelegen und hatten meistens Gelegenheit Land und Leute kennen zu lernen. Das ist vorbei, der Ladungsumschlag erfolgt heute so schnell, dass die Schiffe meistens nur noch sehr kurz in den Häfen liegen und dass die Anwesenheit aller Crew-Mitglieder im Bordbetrieb stets erforderlich ist.

Würden Sie heute noch einem jungen Menschen raten, Lotse zu werden?
Lotse ist nach wie vor ein wunderbarer Beruf. Der berufliche Werdegang ist lang, aber das Berufsziel ist attraktiv. Die Bemühungen um benötigten Nachwuchs zwingen zu einer Veränderung von Sichtung und Qualifizierung der Lotsen von morgen. Man ist dran.

Wegweiser in Rot, Grün und Gestreift
Tonnen und Leuchttürme

Wer auf der Elbe unterwegs ist, entdeckt eine ganze Reihe von Seezeichen. Das können Leuchttürme oder Leuchttonnen sein. Sie alle dienen der Navigation bei Nacht und schlechter Sicht. Um sie eindeutig identifizieren zu können, haben sie unterschiedliche Farben und Kennungen. Der Seemann versteht unter Kennung die Farbe und die Charakteristik von Lichterscheinung und Dunkelphase. Zur weiteren Identifikation zählt die in Sekunden angegebene Wiederkehr. Das ist der Zeitraum vom Einsetzen einer Taktkennung bis zum Einsetzten der nächsten gleichen Taktkennung.

Diese Seezeichen geben sich durch weißes, rotes oder grünes Blitzen oder Blinken zu erkennen. Seeleute und Lotsen unterscheiden ein Dutzend Kennungen. Das reicht vom Festfeuer (ein Licht von gleichbleibender Stärke ohne Unterbrechung) über Gleichtakt- und Blinkfeuer bis zu Blitz- und Funkelfeuer.

Weiter kennt der Seemann verschieden angeordnete Feuer. Dabei unterscheidet er Warn- und Leitsektoren. Bei einem Leitfeuer etwa signalisiert ein rotes Licht, dass der Kurs nach Steuerbord zu ändern ist, befindet sich ein Schiff im grünen Sektor, ist der Kurs nach Backbord zu ändern. Befindet sich das Schiff im Leitsektor, sieht der Schiffsführer ein weißes Licht.

Selbst im Zeitalter der Satellitennavigation sind Leuchttürme an einigen Stellen moderner Technik überlegen. So orientieren sich Elblotsen nach wie vor in Blanke-

Steuerbord ist grün und Backbord ist rot

Oben Leuchtturm Tinsdal/Wittenbergen; unten: Fahrwassertonne auf dem Weg zur Überholung

nese an einem aus Ober- und Unterfeuer bestehenden Richtfeuer. Ein Turm steht am Elbufer des Strandweges, der zweite im Baurs Park. Bringt der Lotse sie in Deckung, signalisiert ihm das eine nötige Kursänderung. Seit Jahren ist geplant, die beiden Türme aufgrund der vorgesehenen Elbvertiefung um 125 Meter zu verschieben.

Neben dem Richtfeuer kennt der Navigator Leit-, Quermarken- und Torfeuer.

Wer von See kommt, findet an seiner Steuerbordseite immer grüne Tonnen, an der Backbordseite rote. Grüne und rote Lichter zeigen ebenso die Schiffe selbst, so wie sie auch an Hafeneinfahrten zu finden sind. Die Tonnen können verschiedene Formen und Toppzeichen haben. Immer gilt: Backbord roter Zylinder, Steuerbord grüner Kegel. Die Mitte eines Fahrwassers ist durch eine rot-weiße, senkrecht gestreifte Tonne mit rotem Ball als Toppzeichen markiert. Gefahrentonnen signalisieren Untiefen oder Wracks, bei geringer Ausdehnung der Gefahrenstelle ist eine schwarz-rote Tonne zu sehen. Farbgebung wie Toppzeichen geben den Hinweis, wo sich die Gefahr befindet. Zeigen beide Spitzen der schwarzen Kegel nach oben, liegt die Gefahr südlich der Tonne. Bei Nacht sorgen wieder Kennung und Wiederkehr für eine zuverlässige Identifikation. Sperrgebiete sind mit gelben Tonnen gekennzeichnet. Sie liegen an Stellen, die nicht befahren werden dürfen, wie etwa Baggerschüttstellen, Kabel- oder Rohrleitungen sowie Fischereigründe.

Wer alle Seezeichen, Abkürzungen, Begriffe auch in Seekarten identifizieren möchte, findet sie in der vom Bundesamt für Seeschiffahrt und Hydrographie (BSH) in Hamburg herausgegebenen Karte 1.

HAMBURG-WISSEN
Maritimes

Beaufort, Francis (1774–1857) war Hydrograf der britischen Admiralität. In dieser Funktion war er für die Seekarten (Admirality Charts), die seinerzeit als die besten Seekarten der Welt galten, verantwortlich. An der Entwicklung der Beaufort-Skala, die später nach ihm benannt worden ist, soll Beaufort nur einen geringen Anteil gehabt haben.

Dippen ist das Begrüßen durch kurzes Nieder- und Aufholen einer Flagge an Bord eines Schiffes. Es dient zum Gruß der Schiffsbesatzung eines vorbeifahrenden Schiffes. Beim Dippen wird die jeweilige Nationalflagge (Heimatflagge) halb niedergeholt und wieder gehisst. Bei kleinen Motorbooten, bei denen die Flagge nur an einer Stange am Heck befestigt ist, wird die Stange kurz aus der Verankerung gezogen und mit der Flagge waagerecht gehalten. Danach wird die Stange wieder befestigt. Treffen ein ziviles und ein Kriegsschiff aufeinander, so grüßt in der Regel das zivile zuerst. Dippen gilt als ein Teil der traditionellen Seemannskultur.

Fahrwasser werden die Teile der Wasserflächen bezeichnet, die durch Fahrwassertonnen begrenzt oder gekennzeichnet sind.

Fahrwassertonnen begrenzen ein Fahrwasser mit grünen Steuerbord- und roten Backbordtonnen. Wobei die Seiten durch ein von See kommendes Schiff bestimmt werden.

Flagge. Sie wird umgangssprachlich oft gleichbedeutend mit Fahne gebraucht. Der Fach- und Seemann unterscheidet hingegen: Eine Flagge ist ein Stück Tuch, das nach Verschleiß entsorgt und ersetzt werden kann. Flaggen werden in verschiedenen Größen und in hoher Stückzahl hergestellt. Eine Flagge wird oft an einem Mast oder Flaggenstock mit Leinen gehisst. Dagegen ist eine Fahne immer ein Unikat. Das kann eine Vereins-, Truppen- oder auch Zunftfahne sein. Bei besonderen Anlässen, etwa dem Hafengeburtstag, wird über die Toppen geflaggt. Dazu werden Signalflaggen aneinandergebunden und vom Vorsteven über die Masten zum Achtersteven gespannt.

Gefahrentonnen kennzeichnen innerhalb und außerhalb des Fahrwassers Untiefen, Wracks, Buhnen oder andere Schifffahrtshindernisse. Dazu werden eine oder mehrere Gefahrentonnen ausgelegt, die signalisieren, wo die Gefahr lauert und wo sie passiert werden kann.

Knoten ist die in der Seefahrt gebräuchliche Maßeinheit für die Geschwindigkeit. Sie wird in Seemeilen pro Stunde angegeben.

Leuchttürme tragen ein Leuchtfeuer und dienen der Navigation. Sie stehen an Punkten oder an gefährlichen Stellen, wo sie der Schifffahrt auch nachts als weithin sichtbares Seezeichen dienen. Ihre Sichtweite ist abhängig von der jeweiligen Höhe des Turmes und der Augenhöhe des Beobachters.

Seemeile ist ein natürliches, auf die Erde bezogenes Maß, mit der auf See Entfernungen gemessen werden. Die Seemeile (sm) ist 1.852 Meter lang und als eine Bogenminute auf dem größten Kreis der Erde, dem Äquator oder Meridian, definiert.

Windstärke wird in der Seefahrt nach der zwölfstufigen Beaufort-Skala angegeben. Sie beschreibt die Auswirkung des Windes auf dem Wasser und auf dem Land. Gemessen wird sie in Meter pro Sekunde, Kilometer pro Stunde oder Knoten (Seemeilen pro Stunde). Laut Wikipedia lag die höchste Windgeschwindigkeit, die in Deutschland bislang gemessen wurde, bei 335 Kilometer pro Stunde. Sie wurde am 12. Juni 1985 auf der Zugspitze registriert und entsprach rechnerisch dem Beaufort-Wert 23,1.

Blick auf die Elbinsel Neßsand

Überraschungen sind garantiert
Die Elbe, die Inseln und ihre Tiere

Wer Hamburger nach der Zahl der Elbinseln in seinem Flussrevier oder nach den im viel besungenen Strom lebenden Tieren fragt, erntet fast immer nachdenkliche bis ratlose Gesichter. Es sei denn, der Gefragte ist beim Naturschutzbund oder sonst wo als Tierfreund unterwegs. Erfährt der Hanseat, dass vor seiner Haustür Seeadler brüten und der Biber emsig nagt, ist er meist verblüfft. Erstaunt sind Einheimische wie Touristen, wie viele Tierarten sich in einem der ehemals giftigsten Flüsse Europas wieder recht wohl fühlen.

Mehrere Seeadler-Paare brüten in Hamburg im Februar im Naturschutzgebiet Heuckenlock, in Finkenwerder und auf Neßsand, nachdem sie zuvor ihren Horst ausgebessert haben. Sind sie hungrig, greifen sie ihre Beute entweder im Sturzflug, oder sie lassen sich bei Ebbe nieder und verputzen im Watt liegen gebliebene Fische. Gesehen werden gelegentlich auch Kegelrobben. Wobei die nicht in der Elbe leben. Weil sie äußerst lärmempfindlich sind, den Schiffsverkehr natürlich nicht mögen, können sie in der Elbe oder auf einer Sandbank nur selten beobachtet werden. Die possierlichen Tiere mit den Knopfaugen leben lieber in der Nordsee. Gern folgen sie dabei Fischschwärmen in die Elbe und verweilen hier auch, wenn der Tisch reich gedeckt ist.

Ähnliches gilt für den Seehund, der in den 1980er Jahren durch einen Virus fast ausgerottet war. Inzwischen hat sich der Bestand erholt. Mehrere hundert tummeln sich in der Elbe. Besonders gut lassen sie sich auf den Sandbänken vor Wedel beobachten.

Der Appetit auf Fisch führt ebenso den Schweinswal in die Elbe. Beobachtet wird er vor Wedel, vor Teufelsbrück und im Hamburger Hafen. Wie viele der zur Familie der Delfine gehörenden Schweinswale im Fluss zu Hause sind, ist unbekannt.

Aal, Zander, Wels und Stint tummeln sich ebenfalls in der Elbe. Als unbedenklich in der Pfanne gilt der Stint. Er kommt zum Laichen den Fluss hinauf, lebt vorher im Meer, fern vom nach wie vor mit Quecksilber belasteten Elbwasser.

Lachs und Stör. Beide schwimmen wieder in der Elbe, sind dabei noch eher seltene Gäste. Dabei landeten sie einst besonders häufig auf dem Teller, manch einem zu häufig. Manchmal so oft, dass Dienstboten sich gewehrt haben sollen, ständig mit Lachs und Stör satt gemacht zu werden. Ob das wirklich so war, bleibt umstritten. Fest steht, dass die Elbe vor rund 100 Jahren ein Tummelplatz für Lachse war. Das belegen alte Schriften. Darin ist zu lesen, dass die »Flussanwohner jeden Tag in der Woche reichlich Lachs essen konnten«. Altvordere muss das Thema intensiv beschäftigt haben. Selbst der dänische Philosoph Søren Kierkegaard (1813–1855) nahm es zur Kenntnis und schrieb, entgegen seinem sonstigen Stil verblüffend verständlich: »Lachs ist an und für sich eine sehr delikate Speise; be-

Oben: Seeadler; Mitte: Schweinswale; unten: Seehund

Sandbänke vor Schweinesand

kommt man aber davon zu viel, so wird er der Gesundheit nachteilig, da er eine schwer verdauliche Speise ist. Als daher einst in Hamburg eine ungeheure Menge Lachse gefangen war, so befahl die Polizei, dass jeder Hausherr nur einmal in der Woche seinen Dienstleuten Lachs gäbe. Es wäre zu wünschen, dass ein ähnliches Polizeidekret erschiene betreffs der (im Theater und sonst gebotenen) Sentimentalität.« Möglicherweise haben sich aus solchen Anmerkungen Legenden gebildet, die immer wieder gern erzählt werden. Deutlich weiter zurück in die Geschichte als das Philosophenzitat reicht das Leben des Störs. Er ist ein lebendes Fossil. Seine Spuren reichen 200 Millionen Jahre zurück bis in die Zeit der Dinosaurier. Störe waren bis Ende des 19. Jahrhunderts ein wichtiger Teil der Tierwelt norddeutscher Flüsse. Von den weltweit 27 seltenen Arten sind heute fast alle gefährdet oder gar vom Aussterben bedroht. Seit 2008 wird der Europäische Stör in der Elbe ausgewildert. Die Fische werden markiert, zum Teil mit Sendern ausgerüstet. Ein Stör kann bis zu 3,40 Meter lang werden und mehr als 300 Kilogramm wiegen.

Immer wieder werden in der Elbe spektakuläre Fische aus dem Wasser gezogen, oder sie liegen, warum auch immer, tot am Ufer. So fanden vor

Blick von Blankenese: Schweinesand bei hohem Wasser

einigen Jahren Spaziergänger am Strand von Wittenbergen einen 50 Kilo schweren Marmorkarpfen – längst nicht der einzige Exot in der Elbe.

Während einige Tiere schmerzlich vermisst und mühsam wieder eingebürgert werden, ist die Wollhandkrabbe ohne Visum eingereist. Sie kam vor geschätzten 100 Jahren im Ballastwasser großer Schiffe aus Fernost. Angesichts fehlender Fressfeinde und relativ sauberen Wassers fühlen sie sich hier pudelwohl und vermehren sich prächtig. Nur wenn sie ihren Panzer abstoßen, werden sie zur Beute von Aal oder Reiher.

Zu den Tieren mit einem Superlativ im Gepäck gehört der Biber. Er ist das zweitgrößte Nagetier der Welt und erfreulicherweise in Hamburg wieder zu Hause. Besonders wo der Wasserstand stabil ist, fühlt er sich wohl. Es wird vermutet, dass der Biber sich inzwischen in Hamburg auch wieder fortpflanzt.

Angesichts von knapp 100 Fischarten befindet sich der Patient Elbe seit vielen Jahren auf dem Weg der Genesung. Insekten, Krebse, zunehmende Fischbestände und steigende Wasserqualität belegen das, seit 1990, dem Jahr, ab dem mehr und mehr Fabriken in der DDR und Tschechoslowakei dichtmachten und dadurch weniger giftige Brühe in die Elbe eingeleitet wurde. So sank seit Anfang der 1990er Jahre der Schadstoffgehalt des Wassers durch den Wegfall vieler Industriezweige und den Bau von Kläranlagen teilweise um 90 Prozent. Kritisch wird der Zustand der Wasserqualität immer dann, wenn die Temperatur der Elbe steigt. Dann schwimmen Fische vermehrt mit dem Bauch nach oben in der Elbe.

Verblüffend hoch (wieder sogar auch für den Hamburger) ist, ebenso wie die Zahl der im Fluss lebenden Tiere, die Zahl der Inseln. Als größte von ihnen gilt Wilhelmsburg, zugleich die größte Binneninsel Deutschlands, hier und da heißt es sogar: größte Flussinsel Europas. Wobei das gesamte Gebiet zwischen Norder- und Süderelbe als eine große Insel aufgefasst wird. Denn die Übergänge zwischen den mehreren kleinen Inseln sind nur schwer auszumachen.

Die vor Blankenese liegende Insel Schweinesand (Puristen und einige Heimatkundler bestehen auf Schweinsand) kann leichter ausgemacht werden. Im Gegensatz zum benachbarten Neßsand ist der Schweinesand mannshoch mit Schilf bewachsen. Der südliche Teil verschlickte, so dass der Schweinesand derzeit nur noch als ein flacher und schmaler Ausläufer des Neßsandes existiert.

Etwas südlich vom früheren Kleinen Schweinesand befindet sich heute eine auch als Sherry Island bekannte massive Sandbank, die bei niedrigem Wasserstand 2006 Schauplatz einer von den ortsansässigen Segelvereinen veranstalteten Demonstration gegen die weitere Versandung des Mühlenberger Lochs war und gelegentlich zum Grillen genutzt wird.

Oben: Strand auf Neßsand; unten: Auf Schweinesand

Anleger und Radarturm von Neßsand mit kleiner Barkasse

Die Insel Hanskalbsand liegt südlich von Schulau, grenzt im Osten an das Naturschutzgebiet Neßsand und gehört zum Bundesland Niedersachsen.

Zahllose Geschichten ließen sich über Partys und Schwimmengehen auf den Inseln erzählen. Von Aal bis Zander könnte Anglerlatein ausgebreitet werden. Fest steht: So gut wie in diesen Jahren ging es der Elbe mit ihrer Flora und Fauna seit langem nicht.

»Ich kam mit der Barkasse zur Schule«
Interview mit Volkert Vogler, aufgewachsen auf Neßsand

Volkert Vogler wurde 1957 geboren und verbrachte seine frühe Jugend in Cranz. Dort erlebte er die schwere Sturmflut von 1962. Nachdem seine Mutter 1965 in zweiter Ehe den Inselwart von Neßsand geheiratet hatte, wuchs er auf der Insel auf. Später absolvierte er eine Ausbildung zum Kapitän auf großer Fahrt und fuhr zur See. 1989 ging er zur Wasserschutzpolizei Hamburg. Von 1997 bis 2006 war der Vater von zwei Söhnen nebenamtlicher Inselwart von Neßsand. Heute lebt Volkert Vogler in Blankenese und arbeitet als Oberkommissar in Waltershof.

Herr Vogler, Sie haben die Sturmflut 1962 erlebt. Woran erinnern Sie sich noch?
Ich war ein fünfjähriger Buttje, doch ich erinnere mich noch an die Hubschrauber und die heulenden Sirenen. Ob ich die im Baum hängenden Kühe selbst gesehen habe, die man von Fotos kennt, oder später davon gehört habe, kann ich nicht sagen. Ich erinnere mich daran, dass bei meinem am Cranzer Hauptdeich lebenden Onkel der Deich brach. Vater und Großvater waren bei der freiwilligen Feuerwehr und natürlich in dieser Nacht im Einsatz.

Ihre Mutter hat dann später den Inselwart von Neßsand geheiratet. Wie war das Leben als Kind auf einer Insel?
Ich habe dort acht, neun Jahre gelebt, bin dort groß geworden. Während meine Mitschüler mit dem Rad zur Schule nach Blankenese kamen, brachte mein Stiefvater mich und meine Schwester mit unserer Barkasse zur Schule. Im Winter saßen wir manchmal auch auf der Insel fest.

Barkassenblick auf Blankenese

Die Elbe war teilweise zugefroren?
Ich erinnere mich an harte Winter, da war die Nebenelbe zugefroren, und wir konnten rüberlaufen. Deshalb gibt es auf Neßsand auch Rehe und Füchse. Die Füchse sind über das Eis gekommen, ein Reh mal mit der DLRG. Das kam so: Das Reh kam von der Blankeneser Hauptstraße runter ans Elbufer, sprang ins Wasser und wollte zur Insel schwimmen. Im Mühlenberger Loch hat die DLRG es dann gerettet und zu uns gebracht. Ich selbst habe mal ein Reh aus dem Morast gerettet.

Bei Sturmfluten wird es auf der Insel also eng?
Auf dem höchsten Punkt der Insel kommen dann alle Tiere zusammen und vertragen sich für ein paar Stunden. Für kurze Zeit ist die Wurt dann eine kleine Arche Noah. Auf der Insel frisst der Fuchs gern Fisch und hat auch oft unsere Schuhe geklaut.

Ihre eigenen Kinder haben die Insel auch hautnah erlebt.
Das war eine schöne Zeit. Die haben dort an den Wochenenden und während der Ferien wie Robinson Crusoe gelebt. Wenn die Kinder Besuch haben wollten, haben wir den mit dem Boot vom Bulln in Blankenese abgeholt.

Einige Erlebnisse an der Elbe sind weniger lustig. So muss die Wasserschutzpolizei gelegentlich auch eine Leiche aus der Elbe bergen.
Das sind die unangenehmsten Erlebnisse bei der Wasserschutzpolizei. Es lässt sich aber nicht vermeiden. Einmal wollte ich einem Fotografen, der meinte, alles fotografieren zu müssen, die Kamera wegnehmen. Es ging um eine Kinderleiche, da hörte für mich der Spaß auf. Einmal hatten wir einen russischen Seemann, der aus Liebeskummer über Bord gesprungen war. Ein halbes Jahr später haben wir ihn aus der Elbe gezogen.

Kaum jemand kennt die Elbe so gut wie Sie. Welche Orte an der Elbe zählen für Sie zu den spannendsten?
Das sind Orte nahe am Wasser – Willkomm Höft, der Anleger Blankenese. Es gibt noch einen Platz, den ich aber nicht nenne, weil es nicht erlaubt ist, dort an Land zu gehen. Es ist ein Naturschutzgebiet, das dem Normalbürger nicht zugänglich ist.

Inselbewohner, Seemann, Segler, Wasserschutzpolizist, zu Hause Elbblick – in Ihrem Leben gibt es nur wenige Tage ohne das Element Wasser. Können Sie überhaupt ohne Wasser leben?
Ich habe schon mal Urlaub in den Bergen gemacht. Aber auch da waren Seen in der Nähe. Ein Leben ohne Wasser kann ich mir nur schwer vorstellen. Im Binnenland könnte ich gar nicht leben. Ich brauche das Frische, den Wechsel von Ebbe und Flut.

Sturmflut am Willkomm Höft

16. Februar 1962
Die viel zu lange unterschätzte Flut

Immer wenn der Wind stramm aus Westen weht, das Wasser der Elbe mehr als sonst in Frühjahr und Herbst üblich über die Ufer schwappt, steigen in Hamburgern Bilder großer Sturmfluten auf.

Besonders an den 16. Februar 1962 werden die Hanseaten speziell an Jahrestagen erinnert. Auch wenn es um den ehemaligen Bundeskanzler Helmut Schmidt geht, fehlt kein Hinweis auf die Sturmflutnacht von 1962. Sie forderte 315 Tote allein in Hamburg, machte über 15.000 Menschen obdachlos und schnitt rund 60.000 Elbanwohner von der Außenwelt ab.

Am Abend des großen Sturms saßen die meisten Hamburger vor ihren Schwarz-Weiß-Fernsehern und sahen eine Folge der damals beliebten Serie »Die Firma Hesselbach«. Einschaltquoten von 80 Prozent waren angesichts der Programmauswahl zwischen nur zwei Sendern, ARD und ZDF, noch möglich.

Am Abend fegte ein Sturm durch die Straßen. Für Hamburger, besonders im Februar, nichts Ungewöhnliches. Was sie nicht ahnten: Vom südlichen Polarmeer zog das Sturmtief »Vincinette« heran und trieb gewaltige Wassermassen in Richtung Elbe. Auf See wütete der Wind mit Orkanstärke. Die Instrumente hatten bei Windstärke 14 versagt. Grundsätzlich maßen zu dieser Zeit Meteorologen und Seeleute den Wind nur bis zu einer Stärke von 12 Beaufort.

Bereits am Freitagmorgen hatten Fachleute an der Elbmündung mit einer schweren Sturmflut gerechnet. Meterhohe Wellen hatten Schiffe in Seenot gebracht, die Ankerkette des Feuerschiffs »ELBE 3« war wie eine Wäscheleine gebrochen. Cuxhaven, direkt an der Elbmündung gelegen, bereitete sich auf »Vincinette« vor. In seinem Buch »Die Sturmflut« schreibt der Autor und ehemalige »Stern«-Journalist Hans Herlin, dass die Cuxhavener 22.000 Sandsäcke von einer Hamburger Firma kauften.

Sandsäcke, die in Hamburg wenig später dringend benötigt wurden. Offenbar ahnte in der Hansestadt immer noch niemand, was Hamburg in der Nacht bevorstand. Von der »Hesselbach«-Folge mit dem Titel »Telefonitis« war gerade eine Viertelstunde gelaufen, als die erste Sturmflutwarnung »für die gesamte deutsche Nordseeküste« im Radio gesendet wurde. Für Hamburger so wenig besorgniserregend wie der um die Ecken pfeifende Wind. Die Küste war 100 Kilometer entfernt. Die Hanseaten verfolgten weiter den harmlosen TV-Spaß, gingen ins Kino oder saßen in Restaurants. Es war Freitag, viele hatten am nächsten Tag frei (»Samstags gehört Vati mir«).

Während die einen das Haus verließen, um sich zu amüsieren, gingen andere schlafen. Nicht ahnend, was der Orkan »Vincinette« wenige Stunden später vor ihrer Haustür anrichten würde.

Für Meteorologen war das Sturmtief mit dem für deutsche Ohren putzig klingenden Namen ein »Schnellläufer«. Ein besonders kräftiges Randtief, das sich an der Kaltfront eines Zentraltiefs bildete. Im Gegensatz zu anderen Tiefdruckgebieten, die ebenfalls für unschönes Wetter sorgen können, führt ein Schnellläufer aufgrund höherer Temperatur- und Luftdruckdifferenzen zu extremen Stürmen und Niederschlägen. Der Orkan »Vincinette« vom 16. Februar 1962 gilt bis heute als der berühmteste, besser: berüchtigste Schnellläufer.

Während viele Hamburger noch fernsahen oder sich anderswo amüsierten, zerstörte der Sturm die Telefon- und Fernschreiberverbindung zwischen Cuxhaven und Hamburg. Die hiesigen Stadtväter konnten nicht mehr gewarnt werden. Zudem schätzten sie die Lage völlig falsch ein.

Vier Stunden später prallte die ganze Wucht des Sturmes auf Deiche, Stadt und ihre Bewohner.

Die Wellen in der Nordsee waren acht Meter hoch, bei Papenburg brachen gegen 22 Uhr die ersten Dämme. Die »Tagesschau« um 22.15 Uhr meldete eine Sturmflut – Hamburg wurde noch nicht mit einbezogen.

Weil das Stromnetz ausgefallen war, sollten sogenannte Flutkanonen die Menschen vor der Flut warnen. In Stade wurde sie nach zweimaligem Abfeuern einfach weggespült.

Während in der Behörde noch diskutiert wurde, brachen in Wilhelmsburg die ersten Deiche. Bei der Polizei klingelten pausenlos die Telefone. Feuerwehr und Polizei rasten durch die Stadt.

Wilhelmsburg liegt besonders tief und war zum Zeitpunkt der Katastrophe zur neuen Heimat vieler Ausgebombter und Flüchtlinge aus dem Osten Deutschlands geworden. Die Deiche waren alt und marode, die Menschen der Flut hilflos ausgeliefert.

Überflutung vor dem Schulauer Fährhaus

Das Wasser riss alles mit sich. Die eiskalte, brackige Brühe überraschte Schlafende, andere flüchteten auf Dächer, klammerten sich manchmal an den Schornstein, um nicht von der Flut mitgerissen zu werden.

Wer zu spät aus dem Haus wollte, bekam die Tür nicht mehr geöffnet oder wurde von der hereinstürzenden Welle in den Keller gerissen. Wo die Menschen hilflos ertranken.

In Wilhelmsburg kamen in dieser Nacht 222 Menschen ums Leben.

Es war auch die Nacht des damaligen Innensenators. Helmut Schmidt, gerade zwei Monate im Amt, kam soeben von einer Innenministerkonferenz in Berlin, eilte unverzüglich ins Rathaus und koordinierte die Rettungsmaßnahmen. Der damals 43-jährige SPD-Politiker rief Bundeswehr und NATO zu Hilfe. 25.000 Helfer und 100 Hubschrauber waren tagelang im Einsatz. Laut Grundgesetz hätte Schmidt die Genehmigung des Verteidigungsministeriums benötigt. Der ehemalige Oberleutnant im Zweiten Weltkrieg ignorierte dies.

Der »Spiegel« im März 1962 unter der Überschrift »Der Herr der Flut«: »Die Hansestadt Hamburg war führerlos und unfähig, einen Führer zu berufen, als die Sturmflut über sie kam. Der Führer berief sich selbst. Im bisher größten Katastropheneinsatz der Bundesrepublik übernahm der Innensenator und Bundeswehr-Reservehauptmann Helmut Schmidt, 43, das Oberkommando über eine – erst noch herbeizuzaubernde – Heerschar ziviler und militärischer Hilfskräfte.« So klang damals der »Spiegel«, das Wort »Führer« herausstellend. Süffisant gemeint? Die Hamburger haben Schmidts Rolle als »Oberkommandeur« in der Flutnacht nie vergessen.

HAMBURG-WISSEN
Elbe und Wasser

Ebbe ist das Fallen des Wassers von einem Hochwasser bis zum folgenden Niedrigwasser. Sie entspringt auf der böhmischen Seite des Riesengebirges und mündet 1.144 Kilometer weiter in die Nordsee. 761 Kilometer davon fließt sie durch deutsches Gebiet. An ihrer breitesten Stelle, der Mündung, ist die Elbe 15 Kilometer breit, auf der Höhe von Blankenese ist der Fluss 2,5 Kilometer breit (die Kilometerangaben variieren leicht je nach Quelle).

Elbvertiefung. Zwischen dem Hafen und der Elbmündung soll die Fahrrinne der Elbe verbreitert und auf 19 Meter ausgebaggert werden. Dann könnten Schiffe mit einem Tiefgang von 13,50 Meter den Hafen anlaufen, unabhängig von Ebbe und Flut. Bisher können das nur Schiffe bis 12,80 Meter. Gegen diese Elbvertiefung, es wäre die neunte, auf einer Länge von 130 Kilometern, haben Umweltverbände geklagt. Auf der einen Seite stehen Umweltschützer und kleine Orte wie Otterndorf, die sich um die Zukunft der Flusslandschaft sorgen. Ihnen gegenüber stehen die Stadt Hamburg sowie die Hafenwirtschaft. sie wiederum sorgen sich um die Konkurrenzfähigkeit, die Attraktivität des Hafens. Vertieft wird die Elbe seit 1834. Zuletzt gebaggert, um das Flussbett tieferzulegen, wurde im Jahr 2000.

Flut ist das Steigen des Wassers von einem Niedrigwasser bis zum folgenden Hochwasser.
Hochwasser ist der Eintritt des höchsten Wasserstandes beim Übergang vom Steigen zum Fallen.
Niedrigwasser ist der Eintritt des niedrigsten Wasserstandes beim Übergang vom Fallen zum Steigen.
Nippzeit führt zu entweder besonders niedrigen Hochwassern (Nipphochwasser) oder besonders hohen Niedrigwassern (Nippniedrigwasser). Der Grund liegt in der Konstellation von Sonne, Mond und Erde. Steht die Sonne etwa senkrecht zur Achse Mond – Erde, schwächt sie den Einfluss des Mondes ab. Das ist immer bei Halbmond der Fall.
Springzeit kann zu besonders hohen Hochwassern (Springhochwasser) oder besonders niedrigen Niedrigwassern (Springniedrigwasser) führen, weil bei Voll- oder Neumond Erde, Mond und Sonne ungefähr eine Achse bilden, die Sonne den Einfluss des Mondes so verstärkt. Zur Springzeit kommt es bei Voll- oder Neumond.
Stack wird auch als Buhne bezeichnet und ist ein meist etwa rechtwinklig zum Strandverlauf in ein Meer vorgebautes oder vom Ufer eines Flusses aus errichtetes wand- oder dammartiges Bauwerk, das dem Küstenschutz oder dem Uferschutz dient.
Tide ist die Zeit, die sich aus einer Flut und der nachfolgenden Ebbe zusammensetzt, also von einem Niedrigwasser bis zum folgenden Niedrigwasser reicht.

»Eine Beschleunigung des Anstiegs der Fluten ist nicht erkennbar«
Interview mit Dr. Sylvin H. Müller-Navarra

Dr. Sylvin H. Müller-Navarra, Jahrgang 1955, studierte Physikalische Ozeanografie und ist seit 1983 im Bundesamt für Seeschifffahrt und Hydrographie (BSH) tätig, das damals noch Deutsches Hydrographisches Institut (DHI) hieß. 2005 folgte die Promotion am Institut für Geschichte der Naturwissenschaften, Mathematik und Technik Hamburg mit einer historisch-seenphysikalischen Arbeit über den Madüsee (Pommersche Seenplatte). Seit zehn Jahren ist Müller-Navarra im BSH verantwortlich für die Gezeitenvorausberechnungen (Gezeitentafeln, Gezeitenkalender), Wasserstandsvorhersagen und den Sturmflutwarndienst. Seine heutigen Schwerpunkte sind Windstauuntersuchungen und die Entwicklung von Vorhersageverfahren.

Themen wie Sturmfluten und Hochwasser werden in Hamburg seit Jahren diskutiert. Wie ist der Stand Ihrer Erkenntnisse?
Die Themen Nordseesturmfluten und Hochwasser, also erhöhter Zustrom aus dem oberen Einzugsgebiet der Elbe, werden wegen der großen Bedeutung für Hamburg immer wieder von Forschern aufgegriffen. Ganz aktuell habe ich mit Meteorologinnen des Seewetteramtes Hamburg alle Sturmfluten in der Deutschen Bucht der Jahre 1949 bis 2012 eingehend untersucht. Weder hinsichtlich Intensität noch Entstehung sind beunruhigende Tendenzen erkennbar. Die Bundesanstalt für Wasserbau in Rissen hat im Rahmen von Gutachten zu Fahrrinnenanpassungen die Kombination von Hochwasser und Sturmflut simuliert. Auch ein solcher sehr unwahrscheinlicher Fall führt in Hamburg zu keiner wesentlichen Verschärfung der Lage. Gleichwohl sind nach einschlägigen Studien Orkane und in deren Folge Sturmfluten möglich, die weit über das hinausgehen, was bisher aufgezeichnet wurde. Derartige Studien sind die Grundlage für die Bemessung von Deichen und anderen Küstenschutzbauwerken.

Umweltschützer warnen vor einem weiteren Ausbaggern der Fahrrinne. Was sagt der Experte?
Maßnahmen zur weiteren Anpassung der Fahrrinne der Unterelbe an die Erfordernisse moderner Seeschifffahrt werden in vielfältiger Weise kritisiert. Kein Experte vermag es, alle Aspekte zugleich zu beurteilen. Zu jeder größeren wasserbaulichen Maßnahme in der Elbe werden Umweltverträglichkeitsuntersuchungen angestellt, die in Fachkreisen vorgestellt und diskutiert werden. Soweit ich das beurteilen

2007: Überflutung vor dem Schulauer Fährhaus

kann, hat ein weiteres moderates Ausbaggern der Fahrrinne zwischen Cuxhaven und Hamburg keine allzu großen hydrodynamischen Auswirkungen. Örtliche Renaturierungen, also zum Beispiel die Ausdehnung und Aufwertung von Flachwasserbereichen, sind für die Umwelt positiv zu bewerten; das Zuschütten weiterer Hafenbecken und damit das Einschränken von Fluträumen ist aus vielerlei Sicht ungünstig.

Welche Folgen sehen Sie hinsichtlich Fließgeschwindigkeit und Hochwasserhöhen?
Weder die Gezeitenhochwasser- noch die Sturmfluthöhen werden bei weiterem Ausbau der Unterelbe wesentlich ansteigen. Die Fahrrinnenanpassungen müssen allerdings so ausgeführt werden, dass die Niedrigwasserhöhe nicht allzu sehr absinkt, wodurch das Auslaufen von Seeschiffen mit großem Tiefgang behindert würde. Steigt der Tidenhub, nimmt auch die Fließgeschwindigkeit lokal und während bestimmter Gezeitenphasen zu. Man kann allerdings davon ausgehen, dass die verantwortlichen Wasserbauingenieure genau das zu vermeiden wissen.

Was sind die Ursachen für höhere und häufigere Sturmfluten?
Es ist erstaunlich, dass viele Hamburger, aber besonders die Zugereisten denken, dass die Sturmfluten in Hamburg in den letzten Jahrzehnten immer höher und häufiger auflaufen. Das ist aber nachweislich nicht der Fall. Als gebürtiger Hamburger, der die Sturmflut 1962 miterlebt hat und seitdem die gewaltigen Anstrengungen der Küstenländer zum Schutze der Bevölkerung auch beruflich verfolgt, bewerte ich eine diesbezügliche Panikmache, die einige Wissenschaftler betreiben, als unangebracht. Nicht zuletzt durch die verbesserten Vorhersage- und Warn-

Sturmflut am Schulauer Fährhaus; unten: Markierung der Fluthöhe von 1962, darüber die Höhe von 1976

möglichkeiten im Vergleich zu 1962 lebt es sich in Hamburg heute deutlich sicherer hinter den Deichen als damals, jedenfalls was das Sturmflutrisiko angeht.

Wie gesichert sind Daten Ihres Metiers, und erlauben sie längerfristige Prognosen?

Wegen der großen Bedeutung der Wassertiefe und damit des Wasserstandes für die Schifffahrt in Gezeitengewässern wird dieser sorgfältig gemessen, operationell verfügbar gemacht und ausgewertet. Wasserstandsmessungen sind im Vergleich zu anderen Beobachtungen von natürlichen Größen sehr genau. Pegeldaten der Elbe reichen mehr als 170 Jahre in die Vergangenheit und bilden damit ein wichtiges Archiv. Aus diesem Datenbestand lässt sich eine dekadische Variabilität und ein mittlerer Anstieg des relativen Meeresspiegels von 10 bis 20 Zentimeter pro Jahrhundert für die deutsche Nordseeküste ableiten. Eine Beschleunigung des Anstiegs während der letzten Jahrzehnte ist nicht erkennbar. Prognostizieren kann man die weitere langjährige Entwicklung des Meeresspiegels nicht, auch wenn es hierzu an extremen Prophezeiungen nicht mangelt.

Das Tor zur Welt der Schiffe
Der Hafen und sein Geburtstag

Selbst Hamburger sind häufig verblüfft, wenn sie Details über den Hamburger Hafen hören. Dies aber kennt nur mancher Besucher noch nicht: Der größte Seehafen Deutschlands liegt rund 100 Kilometer von der Nordsee und dem offenen Meer entfernt. Bis Containerschiffe oder Luxusliner von Hamburg kommend die Elbmündung erreichen, benötigen sie mehrere Stunden.

Erstaunlich ist die Zahl der Menschen, die ihren Arbeitsplatz im oder rund um den Hafen haben. Die Gesamtzahl der direkt und indirekt vom Hafen abhängigen Arbeitsplätze beträgt im gesamten Bundesgebiet etwa 260.000, in Hamburg und der Metropolregion rund 151.000. Damit ist der Hafen die tragende Säule der Hamburger Wirtschaft. Wenn das selbst den Bewohnern der Hansestadt manchmal nicht ganz klar ist, dann liegt das auch an der Lage des Hafens. Er berührt 14 Stadtteile, die größten Umschlagplätze liegen dabei allerdings weit vom Zentrum entfernt, am südlichen Elbufer, in Quartieren wie Steinwerder und Waltershof.

Während der Containerumschlag optisch nur von wenigen Orten am nördlichen Elbufer verfolgt werden kann, wird er akustisch, etwa von den Bewohnern von Oevelgönne, rund um die Uhr wahrgenommen. Es rumpelt 24 Stunden am Tag, Portalhubwagen kurven über die Kais, Containerbrücken setzen ihre kantigen Transportboxen rumpelnd auf den

Museumshafen Oevelgönne und Containerterminal

Schiffen ab. Manchem Anwohner war der Lärm schon zu arg, er beschwerte sich, zog westwärts oder an die Alster.

Wo einst Hunderte Hafenarbeiter Sack für Sack, Kiste für Kiste an Bord wuchteten, bewegt sich heute alles wie von Geisterhand. An vielen Kais ist den Arbeitern der Aufenthalt verboten wegen der Gefahr beim Laden und Entladen.

Wer sich mit der Historie des Hafens beschäftigt, muss weit in den Geschichtsbüchern zurückblättern. Im 9. Jahrhundert wird das erste Mal ein kleiner Hafen mit einem Holzanleger erwähnt. Hamburg soll damals 200 Einwohner gehabt haben. Im 12. Jahrhundert existierten laut Geschichtsschreibung erste Hafenanlagen. Als offizielle Geburtsstunde gilt heute der 7. Mai 1189. Kaiser Friedrich Barbarossa sicherte den Hamburgern in einem Freibrief Privilegien wie die zollfreie Fahrt auf der Unterelbe bis zur Nordsee sowie das Marktrecht zu. Der Freibrief existiert nicht mehr im Original, sondern lediglich als Abschrift. Von ihr wird vermutet, dass sie zumindest inhaltliche Verfälschungen enthält.

So wie manches Fest am grünen Tisch ausgedacht wird, entstand auch die Idee, den Geburtstag des Hafens zu feiern. Seit 1977 wird alljährlich in zeitlicher Nähe zum 7. Mai der Geburtstag des Hafens mit einem großen Volksfest vor allem zwischen Speicherstadt und St. Pauli zelebriert. Das Fest dauert in der Regel drei Tage und beginnt freitags mit einer Einlaufparade mit zahllosen Schiffen und Booten. Darunter einige der größten Segelschiffe der Welt und auch Schiffe der Seestreitkräfte. Zur Auslaufparade sonntags säumen dann wieder Tausende Zuschauer das Elbufer. Von den Hamburgern wird der Hafengeburtstag ganz unterschiedlich wahrgenommen. Einige meiden den Rummel rund um Bratwurststände und Riesenrad, andere schätzen das maritime Spektakel mit Konzerten und Schlepperballett.

Neben dem mutmaßlichen Geburtstag zählt der Beitritt Hamburgs zur Hanse im Jahr 1321 zu den wichtigsten Meilensteinen des Hafens. Wobei sich Hamburg, anders als andere Hansestädte, mehr in den Nordseeraum, nach England und Flandern, orientierte. Mit dem wachsenden Seehandel tummelten sich zugleich Piraten vermehrt auf Ost- und Nordsee. Die Hanse wehrte sich energisch. Es entstand die Legende von Störtebeker und den Likedeelern. Die Entdeckung Amerikas, Hamburgs vorteilhafte Lage und die guten Kontakte seiner Stadtväter führten den Hafen zur Blüte. Es entstanden der Freihafen und die Speicherstadt. Hamburg wuchs 1913 zur Millionenstadt. Trotz aller Rückschläge, im Zweiten Weltkrieg wurden 80 Prozent des Hafens zerstört, konnte der Hamburger Hafen immer wieder Anschluss zu den weltweit bedeutendsten Häfen finden. Jüngste Zahlen belegen das.

ANTHEM OF THE SEAS im Trockendock

Traumschiffe
Die Kreuzfahrer .

Schiffsbegeisterte reisen aus Sachsen, Thüringen oder Bayern Hunderte von Kilometern an, um imposante Kreuzfahrtschiffe auch mitten in der Nacht zu begrüßen. So zerrten auch Hamburger ihre Kleinen im Morgengrauen aus den Betten, als die QUEEN MARY 2 im Juli 2004 zum ersten Mal Hamburg anlief. Hunderttausende verabschiedeten das 345 Meter lange Schiff ein Jahr später mit einem grandiosen Feuerwerk. Den Luxus der Königin konnten sie nur erahnen, denn an Bord kamen nur wenige, handverlesene Besucher.

Tausende Schaulustige stehen bei Schiffstaufen am Ufer, staunen über Größe, schmucke, weiße Uniformen und teils vermuteten, teils tatsächlichen Luxus an Bord. Wenn dann noch Helene Fischer singt und Akrobatik bietet, wie 2014 bei der Taufe von MEIN SCHIFF 3, stehen staunende Menschen auch hinter den Terminal-Absperrungen.

Die Begeisterung für große Passagierschiffe in Hamburg hat Tradition. Als 1913 der 276 Meter lange Passagierdampfer VATERLAND als damals größtes Schiff der Welt vom Stapel lief, standen Schaulustige dicht gedrängt am Ufer. Damals wie heute wecken Passagierschiffe den Traum von der Ferne. Einst boten die Ozeanliner die einzige Möglichkeit, Europa mit Übersee zu verbinden. Weil die deutschen Passagierschiffe ursprünglich ausschließlich im Liniendienst eingesetzt wurden, lagen sie in den Wintermonaten mangels Kundschaft im Hafen und kosteten nur Geld. Da hatte der Hamburger Reeder Albert Ballin 1891 die Idee, die

MEIN SCHIFF vor dem Unterfeuer Blankenese

Schiffe für Vergnügungsreisen in wärmere Gebiete zu nutzen. Damit gilt Ballin, damals Generaldirektor der Reederei HAPAG, als Pionier der deutschen Kreuzfahrtbranche.

Die erste deutsche Kreuzfahrt war eine zweimonatige Seefahrt der AUGUSTA VICTORIA. Anlässlich der Reise kam sogar Kaiser Wilhelm II an Bord. Die Kreuzfahrt führte über Southampton, Gibraltar, Genua, Kairo, Jerusalem, Damaskus, das damalige Konstantinopel (heute Istanbul), Athen und über Malta, Neapel und Lissabon zurück nach Hamburg. Mit an Bord waren Ballin, der Kaufmann und Reeder Carl Laeisz sowie Korrespondenten mehrerer Zeitungen. Damals legten die Passagierschiffe an den Landungsbrücken ab, die 1907 neu errichtet worden waren und jetzt auch von den HAPAG-Schiffen genutzt werden konnten.

Der große Wandel kam nach dem Zweiten Weltkrieg. Wer den Ozean überqueren wollte, stieg fortan ins Flugzeug, das war schneller und preiswerter. Deshalb fuhren die Ozeanliner bald als Kreuzfahrtschiffe. Sie machten aber nicht mehr in Hamburg, sondern in Bremerhaven fest.

Das hat sich verändert, seit die Kreuzfahrtbranche weltweit boomt. Im Sommer vergeht kaum ein Tag, an dem in Hamburg kein Kreuzfahrtschiff anlegt. Längst reichen die beiden Terminals in der HafenCity und in Altona nicht mehr aus.

Das dritte Kreuzfahrtterminal im Kaiser-Wilhelm-Hafen nimmt gerade seinen Betrieb auf.

Die Kreuzfahrtbranche ist damit zum wichtigen Wirtschaftsfaktor geworden. Touristen kaufen in der Stadt ein, machen Ausflüge und lassen eine Menge Geld in der Stadt. Doch der Luxus an Bord hat seinen Preis. Vor allem die Umwelt leidet unter dem Kreuzfahrttourismus. Laut Umweltschützern sollen 70 Prozent des Mülls, der am Boden des Mittelmeers liegt, von Kreuzfahrtschiffen stammen. Generell gehören Schiffe zu den übelsten Umweltverschmutzern, weil sie meist Schweröl verbrennen, das streng genommen als Sondermüll entsorgt werden müsste. Ein einziges Schiff emittiert auf einer durchschnittlichen Kreuzfahrt so viele Schadstoffe wie fünf Millionen Pkw, wenn diese die gleiche Entfernung zurücklegten, hat der Naturschutzbund Deutschland errechnet. In vielen Küstengebieten, zu denen auch Nord- und Ostsee und die Straße von Dover gehören, gelten bereits strengere Umweltauflagen, Hamburg wird hier nachziehen. Positiv muss erwähnt werden, dass die Kreuzfahrtindustrie hinsichtlich der Zersiedelung und Zerstörung der Ufersäume naturgemäß deutlich besser abschneidet als der Tourismus an Land.

Viele im Land, die an Kreuzfahrt denken, haben im selben Augenblick die »Traumschiff«-TV-Serie im Kopf. Die seit 1981 laufende Serie hat abseits der Küstenregionen die Vorstellung von einer Kreuzfahrt geprägt wie einst Karl May das Bild des Stammes der Apachen. Genauso viel und wenig hat die Traumschiff-Fantasie mit der Wirklichkeit zu tun. Kein Wunder, dass das Phänomen neben begeisterten Kreuzfahrt-Fans ebenso die Kritiker und Spötter auf den Plan ruft. Zu den lustigen »Traumschiff«-Erlebnissen zählt Chris-

TIPP
HADAG-Fähre:
An Deck einer Hamburger Hafenfähre erlebt der Passagier die ganze maritime Welt eines Hafens von Weltrang. Kleine wie große Schiffe fahren an ihm vorüber; mal tuckert ein Holzboot vorbei, schon wird ein Ozeanriese passiert. Ein preiswertes Vergnügen, das auch Hamburger schätzen.

Links: Oldtimerfähre; rechts: Eine neue »Bügeleisen«-Fähre

AIDAmar verlässt den Hafen

toph Maria Herbsts »Ein Traum von einem Schiff«. Wer eine fundierte Kreuzfahrtanalyse lesen möchte, greift zu David Foster Wallace' Reise-Essay »Schrecklich amüsant – aber in Zukunft ohne mich«. Anders gesagt: Jedem, wie es ihm gefällt. Der Faszination der Kreuzfahrtschiffe, die die Elbe heraufkommen, kann sich gleichwohl wohl kaum jemand entziehen.

> **TIPP**
> Katamaran *HALUNDER JET*. *Der HALUNDER JET ist ein großer und moderner Katamaran, der von April bis Oktober zwischen Hamburg und Helgoland verkehrt. Die riesigen Panoramascheiben bieten fast einen Rundblick auf Elbe und Nordsee. Auf Bildschirmen können die Passagiere Route, Kurs und Position verfolgen.*

HALUNDER JET auf der Nordsee

S.50/51: RICKMER RICKMERS und ANTHEM OF THE SEAS bei der Ausdockung

»Die Sicherheit steht an erster Stelle«
Interview mit Hafenkapitän Jörg Pollmann

Der gebürtige Ostfriese fuhr zunächst selbst zur See, machte 1981 sein Kapitänspatent und stand bis 1986 auf der Brücke von Stückgut- und Containerfrachtern. Danach kam Jörg Pollmann nach Hamburg und wurde Betriebsleiter einer Stauerei. Als 1993 die Stelle des Hafenkapitäns ausgeschrieben wurde, reagierte er sofort. Unter den mehr als 80 Bewerbern wurde Pollmann schließlich ausgewählt. Dem Hafenkapitän unterstehen sechs Abteilungen: von der Nautischen Zentrale über die Hafensicherheit bis hin zu den verschiedenen Hafenämtern.

Was sind die wichtigsten Aufgaben eines Hafenkapitäns?
Als Hafenkapitän bin ich Leiter des Oberhafenamts und damit für die Gewährleistung der Sicherheit und Leichtigkeit des Schiffsverkehrs im Hamburger Hafen verantwortlich. Das bedeutet, dass über meine Mitarbeiterinnen, Mitarbeiter und mich die gesamte Verkehrsablaufsteuerung organisiert wird, also welches Schiff unter welchen Bedingungen zu welchem Zeitpunkt einlaufen oder auch wieder auslaufen kann. Daneben kümmern wir uns um die Zulassung und Bauvorschriften für Hafenfahrzeuge und beaufsichtigen das Lotswesen.

Wo liegen die größten Herausforderungen?
Die Schiffe, die den Hamburger Hafen anlaufen, werden immer größer. Die größten Containerschiffe, die den Hamburger Hafen bisher angelaufen haben, waren mit zirka 400 Meter Länge die CSCL GLOBE (Mitte Januar 2015) und ihr Schwesterschiff, die CSCL PACIFIC OCEAN (Anfang Februar 2015). Die größte Herausforderung ist, solche Schiffe sicher in den Hafen hinein- und auch wieder hinauszubekommen.

Was war Ihre spektakulärste Aktion?
Zu den spektakulärsten Ereignissen gehören sicherlich die Ankünfte der beiden größten Containerschiffe. Auf den Anlauf dieser Schiffsgröße haben wir uns gemeinsam mit den Hafenlotsen und den Reedereivertretern mittels einer Simulationsstudie vorbereitet und dafür eine Anlaufstrategie erarbeitet. Der reale Anlauf ist dann aber immer wieder ein besonderer Moment.

Wie sehen Sie die Zukunft des Hafens hinsichtlich Größe und Bedeutung?
Der Hamburger Hafen ist einer der größten und bedeutendsten Seehäfen

auf der Welt. Der Hafen wächst, das Verkehrsaufkommen steigt und damit auch die Anforderungen an das Oberhafenamt. Im Sommer letzten Jahres haben wir die neue Nautische Zentrale eingeweiht. Diese sorgt nun dank modernster Verkehrsleittechnik dafür, dass wir auch in Zukunft die Schiffsverkehre im Hamburger Hafen effizient und sicher abwickeln können.

In welchem Licht sehen Sie Großveranstaltungen wie Hafengeburtstag und Cruise Days?
Der Hamburger Hafengeburtstag und die Cruise Days sind beeindruckende und vor allem einzigartige Veranstaltungen. Das Schlepperballett ist für mich immer wieder ein Highlight. Als Hafenkapitän steht für mich jedoch die Sicherheit an erster Stelle. Und was man bei aller Feierstimmung nicht vergessen darf: Das Tagesgeschäft – also das Ein- und Auslaufen der Berufsschifffahrt – muss weitergehen.

Maritime Verkehrslenkung
Die Nautische Zentrale

Vom gemütlichen Tuckerboot über den schnellen Katamaran, vom Speedboot über den betagten Frachter, das Binnenschiff und den Ausflugsdampfer, den Tanker und Containerriesen bis hin zum Luxusliner reicht das Spektrum der Schiffe auf der Elbe. An manchen Tagen sind Hunderte von Booten, mit maritimen Oldtimern und auch Paddelbooten mit erlebnishungrigen Menschen auf dem Fluss. Die Männer in der Nautischen Zentrale am Bubendey-Ufer zählen jährlich rund 30.000 Schiffsbewegungen. Ihre Aufgabe ist es, für einen reibungslosen Verkehr zu sorgen – der Bubendey-Ufer-Besatzung entgeht nichts.

Nach einer Investition von 6,5 Millionen Euro arbeiten die Männer in der Nautischen Zentrale mit modernster Technik. Wurden früher die Schiffe noch per Hand auf Schautafeln verschoben, blicken die Uniformierten mit Kapitänspatent heute auf eine mehrere Meter lange Großbildanzeige. Auf ihr ist die Elbe mit allen Hafenfingern von der Landesgrenze bei Wedel bis hinter Harburg dargestellt. Alle nautischen Informationen laufen hier zusammen. Ergänzt werden sie durch Monitore an der Decke, die Informationen über Wind und Wetter anzeigen.

Die Anlage erlaubt es, die Effizienz deutlich zu steigern. Die Schiffsbewegungen könnten enger getaktet, die Terminals noch besser ausgelastet werden, so Hafenkapitän Jörg Pollmann anlässlich der Eröffnung der Nautischen Zentrale im Juni 2014. Mit ihm waren auch Wirtschaftssenator Frank Horch und der Chef der Hamburg Port Authority, Jens Meier, ans südliche Elbufer gekommen.

Ähnlich wie bei den Fluglotsen darf den maritimen Verkehrslenkern nichts entgehen. Dementsprechend angespannt ist die Atmosphäre in der Zentrale. Laufend kommen Informationen über Lautsprecher, es melden sich Schiffsführer mit Standort, Tiefgang und Uhrzeit, zu der sie die Nautische Zentrale passieren. Und will sich mal ein Schiff partout nicht melden, dann liefert das Automatic Identification System (AIS) alle für einen sicheren Verkehr notwendigen relevanten Daten.

Arbeitsplätze in der Nautischen Zentrale

»Der Seeverkehr ist das Fließband des Welthandels«
Interview mit Uwe Beckmeyer, dem Maritimen Koordinator der Bundesregierung

Uwe Beckmeyer, 1949 in Bremerhaven geboren, ist seit Ende 2013 Parlamentarischer Staatssekretär im Bundeswirtschaftsministerium. Der langjährige SPD-Politiker ist zugleich Koordinator der Bundesregierung für die maritime Wirtschaft.

Herr Beckmeyer, welche Bedeutung hat der Hamburger Hafen für den norddeutschen Wirtschaftsraum?
Das Exportland Deutschland braucht den Hamburger Hafen. Er ist größter deutscher Seehafen, drittgrößter deutscher Binnenhafen, bedeutendster Feeder-Hafen für den Ostseeraum und einer der größten Containerhäfen weltweit. Ohne den Hamburger Hafen könnten wir viele Waren in den Läden nicht kaufen.

Wie wichtig ist aus Berliner Perspektive die Fahrrinnenanpassung der Elbe?

Wenn große Containerschiffe Hamburg nicht mehr ansteuern können, ist das schlecht für den Wirtschaftsstandort Deutschland. Für die Bundesregierung ist die bedarfsgerechte Elbvertiefung deshalb eine nationale Aufgabe. Wir brauchen rasch eine Lösung für die Anpassung der Elbe (und übrigens auch der Weser), die rechtsbeständig ist und Wirtschafts- und Umweltschutzinteressen nicht gegeneinander ausspielt.

Wie sehen Sie die Zukunft des maritimen Welthandels?
Der Seeverkehr ist das Fließband des Welthandels. Deutschland nimmt hier eine Spitzenposition ein. Die Perspektiven für die kommenden Jahre sind positiv. Im Zeitraum von 2010 bis 2030 wird der Gesamtumschlag der deutschen Seehäfen jährlich um 2,8 Prozent steigen. Erhalt und Ausbau seewärtiger Zufahrten und Hafenanbindungen sind daher echte Zukunftsinvestitionen.

Wie sehen Sie die Kooperation Hamburgs mit anderen Hafenstädten Deutschlands?
Eine der Stärken des Hamburger Hafens ist der Weitertransport von Gütern über die Binnenwasserstraßen. Er übernimmt damit eine wichtige Funktion als logistisches Drehkreuz im Land. Ein Auftrag im Nationalen Hafenkonzept für die See- und Binnenhäfen ist, die Seehäfen künftig noch stärker mit den Binnenhäfen zu vernetzen.

Welches sind Ihre nächsten Schritte als Maritimer Koordinator speziell für Hamburg?
Hamburg ist in den kommenden Jahren ein Investitionsschwerpunkt bei Verkehrsprojekten. Neben der Elbe ist der Nord-Ostsee-Kanal für die Wettbewerbsfähigkeit des Hafens von existenzieller Bedeutung. Er braucht aber auch leistungsfähige Schienen- und Straßenwege; wichtige Vorhaben sind zum Beispiel der Ausbau der A 7, die A 20 mit der Elbquerung, der Neubau der A 26 und die Hafenquerspange.

HAMBURG-WISSEN
Hafen und Schiffe

Automatic Identification System (AIS) ist ein automatisches Schiffsidentifizierungssystem. Mit einem AIS-System an Bord (oder auch an Land) lassen sich andere Fahrzeuge in der Umgebung identifizieren, ihre Bewegungen auch dann beobachten, wenn sie mit Radar oder optisch nicht wahrnehmbar sind. Mit AIS ausgerüstete Schiffe senden Daten wie Name, Schiffstyp, Kurs und Geschwindigkeit.

Duckdalben sind Bündel massiver Holzstämme oder -balken, die, in den Elbgrund gerammt, Schiffen zum Festmachen dienen. Zu sehen sind sie entlang der gesamten Elbe, auch zum Schutz von Landungsbrücken und Brückenpfeilern.

Fähren gehören auf die Elbe wie Container aufs Schiff. Sie verkehren auf der innerstädtischen Elbe und zwischen den Elbvororten und der anderen Elbseite. Passagiere reisen auf modernen Schiffen mit einer Fahrkarte, die auch für Busse und Bahnen gilt.

Festmacher sind Arbeiter, die die Leinen eines Schiffes entgegennehmen oder auch loswerfen. Die Leinen werden zumeist auf Poller gehakt und halten so das Schiff am Kai des Hafenbeckens.

Feuerschiff ist ein bemanntes oder unbemanntes, auf einer bestimmten Position vor Anker liegendes schwimmendes Seezeichen, das als Navigationshilfe für die Seeschifffahrt dient.

Jakobsleiter. Nach der biblischen Jakobsleiter wird so in der Seefahrt eine Strickleiter bezeichnet. Es sind einfache Leitern, bei denen runde Sprossen zwischen das Tauwerk gesteckt und gesichert werden. Sie sind nicht zu verwechseln mit der Lotsenleiter. Das ist eine Strickleiter, die an einem Schiff befestigt ist, damit der Lotse an Bord des Schiffes und wieder herunterkommen kann. Lotsenleitern müssen bestimmten baulichen Vorschriften entsprechen. Rechteckige, teils überlange Sprossen verhindern, dass sich die Leiter verdreht oder gar pendelt.

Kai ist die Bezeichnung für einen durch Mauern befestigten Uferdamm, in Hafenbecken oder am Fluss gelegen, zum Löschen und Laden von Schiffsladungen. Das Wasser am Kai ist so tief, dass auch große Schiffe festmachen können.

Kap Hornier ist im engeren Sinne ein Seemann, der auf einem Frachtsegler, der nicht mit einem Motor oder Hilfsmotor ausgerüstet ist, Kap Hoorn umrundete. Die Internationale Bruderschaft der Kap Horniers wurde 1937 in Saint-Malo gegründet und löste sich 2003 auf, denn Kap Horniers sind nahezu ausgestorben. Früher trafen sich Kap Horniers regelmäßig in Blankeneser Restaurants.

Reeder ist der Eigentümer eines dem Erwerb dienenden Schiffes. Der Reeder kann eine Personengesellschaft, ein Kaufmann oder auch eine juristische Person sein. Betreiben mehrere Personen gemeinsam ein Schiff, spricht der Fachmann von einer Partenreederei. Ein Reeder ist zuständig für den Unterhalt, die Mannschaft und den Einsatz des Schiffes. Das kann auch von anderen Unternehmen übernommen werden. In Hamburg sind über 120 Reedereien beheimatet. Darunter Hapag-Lloyd, die zur Oetker-Gruppe gehörende Hamburg Süd, die Deutsche Afrika-Linien und viele andere mehr. Hamburger Reeder leben bevorzugt an der Elbe mit entsprechendem Blick, aber nicht alle.

Schlepper sind Spezialschiffe zum Schleppen und Bugsieren von manövrierbehinderten oder -unfähigen Fahrzeugen. Besonders die ganz großen Containerriesen und Frachter sind beim Drehen, An- oder Ablegen vom Kai auf Schlepperhilfe angewiesen. Die Verbindung zwischen Schiff und Schlepper wird dabei durch eine Schleppleine oder -trosse hergestellt.

Tuckerboot wird ein vier bis acht Meter langes offenes Boot mit Innenbordmotor genannt, das auf der Elbe als Angel-, Arbeits- und Rettungsboot genutzt wurde. Den Namen verdankt es seinem typischen Motorengeräusch. Zu besonderen Anlässen versammeln sich Freizeitkapitäne zum Tuckerboot-Ballett.

Wracks liegen seit Jahrzehnten am Falkensteiner Ufer. Wegen der Tide sind sie mal mehr, mal weniger gut sichtbar. Einst wurden UWE und POLSTJERNAN zum Abwracken hierher geschleppt. Heute rosten sie, mal über, mal unter Wasser, seit Jahrzehnten vor sich hin.

Seite 60/61: Am Strand in Wittenbergen, im Hintergrund die Elbinsel Neßsand

DIE ELBE ENTLANG – VOM WILLKOMM HÖFT BIS ZUM OLYMPIAGELÄNDE

Zu Wasser und zu Land
Beobachtungen entlang der Elbe

Die einen begeistern sich für die Schiffe auf der Elbe. Andere schauen gern in die gute Stube kleiner Kapitänshäuschen. Manchmal blicken deren Bewohner sogar missmutig zurück. Esoteriker erinnern sich beim Anblick des Alten Schweden in Oevelgönne, des jahrtausendealten Granitsteins, an ihre vorherigen Leben und freuen sich auf die allabendliche Meditationsübung. Andere Ausflügler schaffen es nur bis zum nächsten Wirtshaus, bestellen Bockwurst oder Brezen zum Bier und finden das Leben großartig. Hundebesitzer führen ihre vierbeinigen Gesprächspartner an die Luft. Kurzum: Die Elbe zwischen dem Willkomm Höft in Schulau und der Hamburger Innenstadt mit ihren kleinen wie großen Häfen, Restaurants, angrenzenden Parks, ihrer teils respektheischenden, teils pittoresken Architektur hält für jeden Touristen, jeden Hamburger, ob Müßiggänger oder hochtourig lebender Geschäftsmann, Erlebnisse en masse parat. So bunt wie die Jacken der Touristen aus aller Welt sind auch die Möglichkeiten, den so oft wie wohlwollend besungenen Strom zu erfahren.

Die sicherlich eleganteste Art des Reisens auf der Elbe ist die mit einer Yacht aus Mahagoni. Aufmerksamkeit unter Kennern wie Laien erregt ein Boot wie die Riva. Bei Älteren steigen Bilder aus den 1960er Jahren auf, Jüngere denken an ihre Karriere und Liebe unter freiem Himmel. So wie einst Gunter Sachs und Brigitte Bardot – führerlos bei voller Fahrt, wie es die Legende will. Jean-Paul Belmondo, Sophia Loren, der Schah von Persien, Aristoteles Onassis, all die Boat-People der Côte d'Azur hatten eine, ob nun Riva Special oder das bekannteste Modell, die Aquarama. Nur rund 4.000 Exemplare hat Carlo Riva in den 50er und 60er Jahren in seiner Werft am oberitalienischen Lago d'Iseo gebaut, alle in aufwendiger Handarbeit aus zehn Jahre lang abgelagertem Holz unterschiedlicher Provenienz. Dunkles Mahagoni aus Gabun für den Rumpf, helleres aus Honduras für Deck und Innenverkleidung ... Und natürlich

Der Alte Schwede

gibt es ein, zwei Boote davon in Hamburg. Denn hier gibt es fast alle Boote. Bei entsprechend gutem Wetter sind die auf der Elbe zu sehen.

Doch an sich ist die Elbe, auch bei gutem Wetter, ein von Funktionskleidung und Kunststoffbooten dominiertes Revier. Die südfranzösische Eleganz ferner Jahre ist hier so selten wie eine Riva, so unwahrscheinlich anzutreffen wie ein Tigerhai in der Elbmündung. Plastik auf dem Wasser, Plastik am Wegesrand. Abseits der edlen Restaurants wird hastig Bier aus der Flasche getrunken, Suppe aus Plastikschalen gelöffelt. Aber ist es anderswo anders? Es kommt eben immer darauf an, welche Plätze man ansteuert, in wessen Gesellschaft man sich begibt oder gerät. An der Elbe wie an der Riviera oder in Timmendorfer Strand.

Einen wesentlichen Beitrag zur Farbenpracht leisten auf den Wegen an der Elbe die Radfahrer. Besonders die rasanten Mountainbiker, weder rechts noch links blickend, zeigen, wozu die Obertrikotagenfabrikation ferner Länder fähig ist. Ungeachtet dessen, dass Kleinkinder, Hunde, Jogger, Fußkranke und Flaneure jeglicher Couleur ebenfalls die Wege für sich beanspruchen. Hier müssen Drogen im Spiel sein, so der arglose Schlenderer, wenn an ihm wieder ein grellbunt gewandeter Mountainbiker vorbeihetzt, als ginge es um Prämien für olympisches Gold. Oh, dieses Bonmot ist just verwirkt, in Hamburg wird ja nun tatsächlich für Olympia trainiert … Nicht nur die Oberbekleidung wird präsentiert, auch die ganze Vielfalt der Fahrradhersteller wird deutlich. Von einer aktualisierten Variante des fast in Vergessenheit geratenen Klapprades über Klassiker wie das Hollandrad, vom Single-Speed-Velo und dem Liegerad über den schrottigen Drahtesel unbekannter Herkunft bis hin zum handgearbeiteten Rad des gut verdienenden Öko-Aktivisten gibt es alles veloartige zu sehen, ganz so wie auf einer Fahrrad-Messe. Die neuen E-Bikes nicht zu vergessen! Holla, da kommt Tempo auf! Was auch manchmal gebremst werden muss. Nicht jedem gelingt das rechtzeitig. Hier an der Elbe kommen Fahrradenthusiasten intensiv, mit großem Ernst, über gemuffte Rahmen, Naben- und Kettenschaltungen, Preise und Hersteller ins Gespräch. Sätze wie »Dieses Fahrrad benutze ich nur im Sommer« verraten den gesellschaftlichen Wandel, besonders unter jungen Leuten. Die sind oft mit einem puristischen Fahrrad leichter zu beeindrucken als mit einem schicken Auto.

Mit einem flotten Cabrio lässt sich entlang der Elbe, zwischen Schulauer Fährhaus und HafenCity, zwischen Finkenwerder und Wilhelmsburg, ohnehin schwerer Eindruck machen als früher. Mal gibt es keine Straße, mal keinen Parkplatz. Also zurück ans Elbufer.

Eilig haben es hier oft auch einige Läufer. Wobei eine große Bandbreite an Sportlern beobachtet werden kann. Einige schlurfen wie Malade, als hätten sie Sandsäcke an ihre grellbunten Laufschuhe gebunden. Andere springen wie junge Hunde, keuchen dabei wie 100-Meter-Läufer oder zeigen einen hochroten Kopf, so dass der besorgte Passant einen Arzt rufen möchte. Am harmlosesten beim vielfältigen Verkehr auf den Wegen entlang der Elbe sind junge Eltern. Wobei die Vielfalt der Kinderwagen einen ähnlichen Experten erfordert wie bei den Pedaleuren. Nur so viel: Auch hier gibt es eine Unter-, Mittel- und Oberklasse. Mütter und Väter wissen es, Autofahrer werden es geahnt, ja gehofft haben.

Wäre sich der Beobachter nicht ganz im Klaren, auf welcher Höhe der Elbe er sich befindet, die Kleidung der Spaziergänger böte ihm einen Anhaltspunkt. Während am südlichen Elbufer Touristen auf Fähren, Ausflügler und Einheimische eine sympathische Kleidungskohärenz aus vernunftgelenkten Jacken und Hosen zeigen, wandelt sich das textile Bild am gegenüberliegenden Ufer von West nach Ost. Die Dichte an Wintermänteln, von Kaschmir bis Kammgarn, nimmt ab, je weiter der Wanderer in weniger gut betuchte Stadtteile strebt. Illustriert wird das bekannte Bild gelegentlich durch Pelze und Kappen aus Nerz. Die Dame trägt Fell über dem Kostüm, ihr Begleiter Bedeutsamkeit im Gesicht.

Dass die Kleidung von entsprechendem Gesichtsausdruck begleitet wird, scheint zu verblüffen, ist dabei so augenfällig wie die Label der vielen Windjacken an regnerischen Sonntagen. Die sind in großer Zahl auch in der HafenCity anzutreffen. Ob die Bewohner der HafenCity überhaupt aus dem Haus gehen, wenn Touristenbusse vor der Tür stehen, konnte bisher noch nicht geklärt werden. Falls die Neubürger der Hafencity (eine der Lieblingswohngegenden der HSV-Fußballprofis) die vielen Gäste fürchten, bleibt ihnen der Blick aus dem Fenster. Der Blick auf Kräne, Schornsteine und, nun ja, Schiffe. Wir sind eben in Hamburg, was soll man machen?

Der Winter muss brennen
Die Osterfeuer

Die Blankeneser Osterfeuer brennen

Osterfeuer werden traditionell in der Nacht zum Ostersonntag entlang der Elbe angezündet. Die größeren sind dabei häufig mit einer Puppe gekrönt. Wurden die Feuer früher mit Treibholz und Aalreusen entfacht, werden heute Weihnachtsbäume und anderes ausrangiertes Holz verfeuert. Für die Älteren ist diese seit 1559 bezeugte Sitte stets eine Riesengaudi. Jüngere nutzen den Brauch gern für bierselige Initiationsriten. Fast so traditionell wie die Osterfeuer sind die dabei entstehenden Konflikte, Appelle und leider auch Raufereien. Denn treffen viele Menschen aufeinander, von denen einige schon alkoholisiert anreisen, andere den Ehrgeiz hegen, möglichst ausdauernd in die Flammen zu schauen und mit Nachbarn zu plaudern, kann es schon mal Ärger geben.

Am Oevelgönner Elbstrand wurde es den Verantwortlichen in den Amtsstuben des Altonaer Rathauses zu bunt. Vor einigen Jahren verboten sie das Spektakel, zu dem Menschen strömten, Zäune verfeuerten und sich sogar nicht scheuten, Gartenhäuschen zu zerlegen, um sich an einem schönen Feuer zu erfreuen. Neben angetrunkenem Jungvolk wurde auch die Zahl der Besucher vermehrt zum Problem.

Osterfeueraufbau mit Winterpuppe

So ist der heidnische Hintergrund des landesweiten Brauchs weitgehend vergessen, soll doch der Winter ausgetrieben werden, die Puppe oben in der Spitze der turmhohen Brennstapel soll ihn symbolisieren. Dafür ist die Angst von Anwohnern und Naturschützern beständig. Besonders Eigentümer reetgedeckter Häuser fürchten den Funkenflug. Naturfreunde bangen um das Leben von Vögeln, Igeln und Mäusen, die sich gern in den viele Tage vor Ostern aufgeschichteten Holzstößen verkriechen, weil sie diese irrtümlicherweise für eine Höhle oder gar ein gutes Versteck halten.

Mit besonderer Inbrunst wird auch heute noch der Brauch des Osterfeuers in Blankenese gepflegt. Wer zündet wann an? Welcher Stapel ist am höchsten? Welches Feuer brennt am längsten? Welche Puppe stürzt zuletzt? Die Wartezeit auf Antworten wird dabei gern mit Getränken überbrückt. Für die Gangs der Kinder und Jugendlichen geht die Planung früh im Jahr los, und dann richtig spätestens Karfreitag. Dann gilt immer noch: Viereck im Westen gegen Knüll in der Mitte gegen Osten unterhalb von Baurs Park. Und am Mühlenberger Hafen brennt auch ein Feuer. Ebenso wie von der anderen Elbseite in Cranz ein Feuer zurückwinkt.

Auch hierzu kommen die Schiffe, Ausflugsschiffe und private Segel- und Motoryachten. Wer es einrichten kann, dem sei eine Hamburgreise durchaus einmal zu Ostern empfohlen. Die Hamburger sind meistens da, denn ihre Skiferien sind dann gewöhnlich schon vorbei.

Vom *Schulauer Fährhaus* bis zur *Oberhafenkantine*
Gastronomie entlang der Elbe

Schiffe gucken, am Strand sitzen, in Kapitänshäuschen lugen, bei der Hafenrundfahrt die ganz unterschiedliche Architektur am Elbufer betrachten. Sich dabei flüchtig Gedanken über die mal mehr, mal weniger betuchten Bewohner machen. Vielleicht noch gierige Möwen füttern und den Lotsenwechsel bei Teufelsbrück verfolgen. Den Kopf einziehen, wenn ein Transportflugzeug tief brummend einschwebt, um auf dem Airbus-Gelände in Finkenwerder zu landen.

Den Alten Schweden, den mühsam geborgenen Findling aus der Elbe, bestaunen. Bei Kaffee und Kuchen die Manöver der Containerriesen nebst Schleppern verfolgen. Zurückwinken, wenn ein Luxusliner vorbeizieht. Hunden, Radfahrern, Läufern und spielenden Kindern ausweichen. Den Sand unter den Füßen, die Sonnenstrahlen auf der Haut spüren.

Fehlt da was? Richtig. Das Fischbrötchen. Oder Matjes und Stint; Hummer, Jakobsmuschel, Aal. So bunt wie die Jacken und Mützen von Touristen auf Ausflugsschiffen und in Cafés ist die Palette des gastronomischen Angebots. Das reicht von der Wurstbude an den Landungsbrücken über TV-bekannte Restaurants nahe dem Fischmarkt bis hin zu den Sterne-Lokalen an der Elbchaussee. Für jeden Gast, ob Gourmet oder Vielfraß, wird hier der Tisch gedeckt. Asiatisch oder klassisch deutsch, raffiniert, italienisch, deftig, erstklassig wie hochpreisig – entlang der Elbe findet jeder Gast ein Lokal mit seinem Lieblingsgericht. Auch wenn bei uns Fischköppen im Norden die saarländische Maxime »Hauptsach gudd gess« nur zögernd Land gewonnen hat, wird auch in den traditionell eher bescheiden lebenden Landstrichen nahe der Küste inzwischen ganz ordentlich gekocht.

Das beginnt schon nah der Hamburger Landesgrenze im *Schulauer Fährhaus*. Hier wurden vor wenigen Jahren tatsächlich mehrere Millionen in Küche und Interieur investiert. Am Herd steht ein ehrgeiziger Koch mit einer ambitionierten Küchenbrigade. Ein Feinschmecker wird den Besuch ebenso in Erinnerung behalten wie der eilige Gast, der nur ein Fischbrötchen ordert. 40 bis 50 Schiffe kommen hier täglich vorbei und werden mit Hymne und Flagge begrüßt. Weil im Hafen rund um die Uhr gearbeitet wird, haben auch die Begrüßungskapitäne von früh bis spät zu tun. Mancher Gast bestellt so angesichts des faszinierenden Geschehens einen zweiten Kaffee, oder überlegt, gleich zum Essen zu bleiben.

Schulauer Fährhaus

Kaum ist die Landesgrenze von Schleswig-Holstein überschritten, kommt mit dem Süllberg eine von Hamburgs gößten Anhöhen in Sicht. 75 Meter über dem Fluss gelegen, ranken sich um den Süllberg zahllose Geschichten und Legenden. Ganz zu Beginn, 1837, wurde hier Milch ausgeschenkt. Seit Sternekoch Karlheinz Hauser 2002 das Ensemble aus Ballsaal, Restaurants, Bar und Terrassen übernahm, perlt wieder regelmäßig Champagner im Glas. Bälle, Geburtstage, Familienfeiern und Feste mit mehr als 1.200 Gästen werden heute wieder im großen Stil gefeiert. Seit die Michelin-Tester im Jahr 2012 Hausers Küche im *Seven Seas* eines zweiten Sterns würdig fanden, reisen vermehrt auch Gastro-Touristen aus aller Welt an und steigen in dem kleinen Süllberg-Hotel ab.

Zuvor war der Süllberg über fünf Generationen in Familienhand. Wer um 1891 den Ausblick genießen, aber keine Zeche machen wollte, wurde mit 40 Pfennigen zur

Zweimal Süllberg

Kasse gebeten. Damals wie heute fällt der Blick von hoch über der Elbe auf den Strom, der sich immer wieder virtuos präsentiert. Mal hängen die Wolken so tief, als wollten sie den Turm begrüßen; wenig später ist der Himmel so blau und weit wie am offenen Meer. Schon der Wechsel von Ebbe und Flut fasziniert den Gast durch seine gestalterische Kraft. Wo eben noch Wasser ans Ufer schwappte, schimmert wenig später Sand. Mal zeigt sich die Elbe so still wie ein Ententeich. Eine Stunde später setzen die Wellen weiße Schaumkronen auf. Der Wind zaust Wellen und Haar, ganz so, als stünde der Besucher an der Nordsee.

Wer vom Süllberg hinabsteigt, der nähert sich dem Strand und einer ganzen Reihe von Lokalen. Tipp nicht nur an dieser Stelle: Fra-

Oben: Zweimal Fischclub; unten: »Heute keine Pommes« – Op'n Bulln

Hotel Restaurant Louis C. Jacob

gen Sie einen Einheimischen, in welchem Restaurant er gern am Tisch sitzt. Dann gibt es keine Enttäuschungen. Denn wie überall, wo viele Touristen unterwegs sind, gibt es auch hier mittelmäßige Küche.

Zu den beliebtesten Lokalen entlang des Blankeneser Elbstrandes zählen seit vielen Jahren die *Kajüte SB 12* und der *Ponton Op'n Bulln*. Nicht nur bei gutem Wetter sind hier die Plätze begehrt. Die Fähranleger mit ihren vielen Kiosken und Restaurants sind typisch für die Elbe zwischen Wedel und den Landungsbrücken. Sowohl der eilige Gast wie der Feinschmecker kann entlang der Elbe seine Thüringer Bratwurst, sein Matjesbrötchen oder die sorgfältig zubereitete Seezunge mit Elbblick genießen. In Blankenese erwartet der *Fischclub* ein gehobenes Publikum, am Anleger Teufelsbrück das *Restaurant Engel*. In der Zeit von 1999 bis November 2007 hat Christian Rach den *Engel* auf seinem Weg begleitet, Tim Mälzer hat hier eine seiner ersten Küchenstationen absolviert.

Keine Zweifel über das Niveau der Küche gibt es im Gourmet-*Restaurant Louis C. Jacob*, dessen Küchenchef Thomas Martin mit zwei Michelin-Sternen ausgezeichnet wurde. Er ist zwar gebürtiger Mannheimer, kocht aber mit französischem Akzent, ist bekannt für seine Fantasie und Kreativität bei akkurater Umsetzung, ohne »Schnickschnack«. Wer will, gönnt sich in dieser Topadresse für Feinschmecker zum Essen oder auch solo eine Rarität aus dem ebenfalls berühmten Weinkeller. Zu den besonderen Erlebnissen zählen an dieser Stelle die Verabschiedungen der QUEEN MARY, die von der Lindenterrasse aus very british unter anderem mit »God Save The Queen« oder »Rule Britannia!«, Fish and Chips

Oben: Strandperle; unten: Restaurantschiff in Neumühlen

und drei Kanonenschüssen zelebriert werden. Gern erzählt der langjährige Hoteldirektor Jost Deitmar bei dieser Gelegenheit die Geschichte von Nicolaus Paridom Burmester, einem Zuckerbäcker. Er hatte das Faible, jedes ankommende und auslaufende Schiff vom Elbufer mit drei Böllerschüssen aus einer extra dafür hergestellten Kanone zu begrüßen. Am 18. Juni 1790 ging die Kanone nach hinten los und tötete Burmester.

Bodenständige Gastronomie wird am Elb-Wanderweg geboten. Die kann ganz unterschiedlich ausfallen. Einige Gastronomen bieten köstlichen, selbst gebackenen Kuchen, Kartoffelsalat und leckere Fischbrötchen an. Andere legen lieblos Toastbrot aus dem Billig-Supermarkt neben die fetttriefende Wurst auf den Teller. Hier wie andernorts gilt, schon einmal hier gesagt: Erst mal auf den Teller eines Gastes gucken, bevor bestellt wird.

Zu den besonders beliebten Ausflugszielen gehört der Elbstrand, parallel gelegen zum Fußweg Oevelgönne. Neben einem guten Dutzend Restaurants und Cafés zählt hier die *Strandperle* zu den Orten, die kein Hamburg-Führer vergisst zu erwähnen. Entsprechend viele Menschen drängen bei gutem Wetter hierher. Schon an der Elbchaussee lassen Autofahrer auf der Suche nach einer Parklücke die Prominenz des Ortes erahnen. Mit dem verheißungsvollen Satz »Näher an der Elbe geht nicht« wirbt eine ganze Reihe von Lokalen. In der *Strandperle* stimmt die Floskel tatsächlich. Manchmal gibt es für die Gäste nasse Füße, so nahe kommt ihnen die Elbe. Alle paar Jahre fährt ein Frachter mit zu hohem Tempo vorbei und verursacht dadurch Wellenschlag, der Tische und Stühle im Wasser schwimmen lässt. Gäste quittieren das mit einem großen Hallo, und Hamburger Tageszeitungen freuen sich über spektakuläre Bilder.

Sehen und gesehen werden gilt hier am Strand. Wenn dabei die Strandmatten so eng wie am Ballermann liegen, stört das hier niemanden. Ganz

Gewitzte entern den Elbstrand als Selbstversorger. Da werden Berge von Frikadellen, Würsten, Bierkisten und selbst Musikanlagen an den Strand geschleppt. Nicht nur zum Osterfeuer ist der Strand ein beliebter Ort zum kollektiven Kokeln und Grillen. Aber auch des Grillens wird es den Anwohnern leicht zu viel, verständlicherweise. Neben den vielen Schiffen vor der Nase und den piependen Containertransportern auch noch die Griller. Letztere sorgen vor allem für durchdringende Düfte wenn es landeinwärts weht, wird es manchmal arg für die Bewohner.

Auch am Anleger Neumühlen, mit seinem Museumshafen Oevelgönne, kann der Gast zwischen einem Kiosk und einem Restaurant wählen. Gibt es an dieser Stelle wirklich das beste Fischbrötchen der Stadt, wie einst ein Gastro-Kritiker behauptet hat? Das möge jeder Gast selbst entscheiden.

Am Altonaer Fischereihafen wird bereits nachts um ein Uhr der Fisch portioniert, der am Tag in den Geschäften liegt und abends in

Restaurants serviert wird. Der Gast solcher weit über Hamburg hinaus bekannter Gourmettreffpunkte wie dem *Fischereihafen Restaurant* oder *Henssler & Henssler* ahnt nichts von den Männern und Frauen, die hier bis in den frühen Morgen Meeresgetier filetieren, Krusten- und Schalentiere portionieren. Hummer und Kaviar, Sprotte und Seehecht, Krabbe und Kabeljau, Sardine und Dorsch – zwischen ehemaligem Fischereihafen und Fischmarkt wird alles geboten, was im Meer gefangen wird und schmackhaft zubereitet werden kann. Hier kann man den Fisch kaufen und auch essen, die Fischbetriebe an der Großen Elbstraße haben das Angebot schon lange über die reine Betriebsküche hinaus erweitert. Nur hinein durch die Plastikvorhänge und Schuppentüren!

Nähert sich der Wanderer den Landungsbrücken, wird das Essen einfacher, an Sommertagen werden die Schlangen vor den Imbissen länger. Touristen drängen sich auf den Anlegern, Fähren und Ausflugsdampfer machen fest oder werfen die Leinen los. Wer hier unterwegs ist, kommt nicht wegen eines exquisiten Essens, sondern will Atmosphäre schnuppern, will Schiffe bestaunen, den meist von der Nordsee her wehenden Wind auf der Haut spüren. Und ein Fischbrötchen essen.

Mehrere gastronomische Kosmen schließen sich gen Osten erst noch an. Im Hinterland der Landungsbrücken findet man im Portugiesenviertel unterhalb des Michels die übliche Bandbreite von genießbar bis exzellent. Und in der neuen HafenCity erschließt sich noch einmal ein anderes Gourmetreich. Das Viertel muss sich erst noch finden, aber zumindest tagsüber öffnen auch hier Bistros und Restaurants mit Businesslunchs und Menüs aller Art. Wenn bald die Elbphilharmonie begehbar wird, erhoffen sich die Stadtväter noch mehr Belebung des modernsten Viertels Hamburgs.

Last, but not least: Vergessen Sie nicht die *Oberhafenkantine*. Auch wenn Mutter Mälzer hier schon nicht mehr die Frikadellen empfiehlt, lohnt sich allein schon das irritierende Sitzerlebnis in einem Mini-Restaurant, das fast so schief ist wie der Turm von Pisa.

Schief wie der Turm von Pisa: die Oberhafenkantine

»Es geht auch anders: weg vom Kartoffel-Image, hin zu modernen Variationen«
Interview mit Franz Jost, Küchenchef im Schulauer Fährhaus

Franz Jost war über zehn Jahre Küchenchef im *Rheinhotel* in Boppard. Für das Restaurant erkochte er 13 Punkte im Gault-Millau. Davor war Jost unter anderem am Tegernsee im *Hotel Bachmeir, Sheraton Hotel München* und im Hotel *Schwarzer Bock* in Wiesbaden. Neben seiner Ausbildung als Koch in den verschiedenen Stationen hat Jost sich auch zum Hotelbetriebswirt weitergebildet. Er kann nicht nur exzellent kochen, sondern auch optimal mit Zahlen umgehen und kalkulieren.

Herr Jost, wie schaffen Sie im Schulauer Fährhaus den gastronomischen Spagat vom Fischbrötchen für den eiligen Gast und Touristen bis dahin, den Feinschmecker im Restaurant Strandgut zu beeindrucken?
Das *Schulauer Fährhaus* ist ein Ausflugslokal, das müssen wir auch mit unserem gastronomischen Angebot widerspiegeln. Unsere Gäste erwarten ein breites Spektrum. Deshalb bieten wir neben dem Gourmetbereich und dem Bistro auch ein Fischbrötchen. Dabei servieren wir alles auf hohem Niveau.

Das Fischbrötchen steht am einen Ende, was bieten Sie dem weniger eiligen Gast?
Von April bis Oktober hat unsere Barbecue-Station geöffnet. Da servieren wir alles rund ums Thema Fleisch – Entrecôte, Lammkeule und Burger in allen Varianten. Nicht jeder Gast mag Fisch, er ist an unserer Barbecue-Station gut aufgehoben. Besonders junge Leute zählen hier zu unseren Stammgästen. Hier herrscht eine klassische Biergartenatmosphäre – mit Blick auf die Elbe. Abgerundet wird unser Konzept vom Bistro *Elbfeuer* und dem *Restaurant Strandgut* am anderen Ende des gastronomischen Spektrums.

Sie stehen seit 2012 in der Küche des Schulauer Fährhauses. Hat sich das Konzept seither verändert?
Seit der Eröffnung haben wir das Konzept zweimal überarbeitet. Unverändert bieten wir die Klassiker wie Pannfisch. Im Bistro haben wir heute eine Karte mit günstigen Preisen.

Wie konnten Sie das zunächst skeptische Wedeler Publikum vom neuen Küchenstil des Hauses überzeugen? Der neue Eigentümer hat das Haus ja erst vor einiger Zeit übernommen, und es hatte bis dahin einen etwas festgefahrenen Ruf?
Am Anfang wurden wir tatsächlich akribisch beäugt. Inzwischen konnten wir die Wedeler, die Hamburger und ihre Gäste vom Wandel überzeugen. Wir sehen das an der Akzeptanz des *Elbfeuers* und dem *Restaurant Strandgut*. Wir sind den Gästen zudem mit einer ganzen Reihe von Aktionen entgegengekommen. Die aufsteigende Tendenz lässt sich auch an den vielen Reservierungen etwa beim Brunch und den Hochzeitsgesellschaften ablesen.

Wo lagen anfangs die Herausforderungen?
Am Anfang wollten wir zu viele Dinge auf einmal etablieren. Das haben wir inzwischen korrigiert. Wer einmal bei uns war, spürt, dass das neue *Schulauer Fährhaus* nichts mehr mit dem alten zu tun hat. Wobei unsere Vorgänger ihre Sache durchaus auch gut gemacht haben.

Nun wollen 350 Plätze, allein im Inneren, mit Gästen gefüllt sein …
Insgesamt, mit den Plätzen außen, sind es über 800, den Festsaal nicht mitgerechnet.

Wie beschreiben Sie den Stil, der in der Küche gepflegt wird?
Unsere Küche ist klassisch-modern. Wir kochen viel mit neuen Produkten wie etwa Gel, dabei sind alle Zutaten stets frisch. Wir bieten unseren Gästen eine Küche, die sie so nicht von zu Hause kennen. Weg vom Kartoffel-Image, hin zu modernen Variationen. Das gilt für Klassiker wie den Pannfisch ebenso wie für Steinbutt und Scholle. Selbst Matjes servieren wir mit überraschenden Elementen.

> **TIPP**
> **Fahrradtour St. Pauli bis Schulau.** *Vom S-Bahnhof St. Pauli über den Fischmarkt, die Große Elbstraße, entlang dem Elbuferwanderweg bis Oevelgönne, am Falkensteiner und Rissener Ufer entlang, vorbei am Tinsdaler Leuchtturm und über den Elbuferweg geht es zum S-Bahnhof Wedel. So abwechslungsreich wie mit vielen Gründen zum Rasten, denn auf der Strecke gibt es jede Menge Lokale zu entdecken. Wer noch Kondition hat, kann den Weg natürlich auch noch zurück mit dem Fahrrad machen.*

Blick vom Hirschpark über den Mühlenberger Hafen auf das Airbus-Werk und das Mühlenberger Loch

TIPP
Hirschpark. Wenn andernorts wegen des Sonnenscheins nahezu jeder Hamburger nebst Touristen unterwegs ist, gibt es immer noch Orte, die ihre Beschaulichkeit bewahren können. Noch ruhiger als etwa der Jenischpark oder Schröders Elbpark liegt an solchen Tagen der Hirschpark in der Sonne. Hinter Hecken lässt es sich ohne allzu interessierte Blicke picknicken, lesen, denken.

TIPP
Lindenterrasse. Unter alten Linden sitzend, den Schiffsverkehr auf der Elbe beobachten, vor sich einen Wein aus dem berühmten Eiskeller des Hotels Louis C. Jacob, ein Gespräch über den Impressionisten Max Liebermann führen oder auch nur über die Fische in der Elbe – das sind Erlebnisse, die keiner vergisst.

TIPP
Lütt Falkenstein. Das gastronomische Angebot des Lokals ist überschaubar. Umso illustrer sind die Gäste. Wenn in anderen Restaurants zwischen Blankenese und Rissen von Geschäften, Autos und Sylt erzählt wird, stehen hier die wirklich wichtigen Themen auf der Agenda. Als da sind: Liebe, Tod und Teufel. Gern wird aber auch über Boote gesprochen.

HAMBURG-WISSEN
Elbuferorte und -begriffe

Airbus ist der größte europäische und weltweit zweitgrößte Flugzeughersteller mit Werken in Frankreich, Spanien, Großbritannien und Deutschland. Das deutsche Werk im Stadtteil Finkenwerder liegt auf dem Gelände der 1933 gegründeten Hamburger Flugzeugbau und besitzt einen eigenen Werksflughafen. Um neue Produktionshallen für den Airbus A380 zu errichten, wurde ein Teil der ehemals für den Bau von Wasserflugzeugen vergrößerten Elbbucht Mühlenberger Loch wieder zugeschüttet.

Die Elbe bei Niedrigwasser mit Airbus-Werk im Hintergrund

Bergziege wird in Blankenese der kleine, wendige Bus genannt, der auch Steigungen bewältigt und durch schmale Straßen passt. Seit 2014 werden Bergziegen auch elektrisch angetrieben.

Blankenese gilt als der bekannteste Elbvorort. Ursprünglich war Blankenese ein Fischerdorf, das 1301 erstmals urkundlich erwähnt wurde. Mit dem Niedergang der Fischerei wandelte sich das Quartier zunächst zum Ruhesitz von Kapitänen und Lotsen. Später entdeckten wohlhabende Kaufleute die Idylle und bauten hier ihre Landhäuser und Villen.

Campingplatz Wittenbergen, direkt am Elbufer, kurz vor der Stadtgrenze gelegen, ist selbst bei vielen Hamburgern nicht bekannt. Einige Campingfreunde haben hier seit Jahrzehnten ihren Wohnwagen stehen, andere kommen für eine Nacht zum Zelten.

Elbblick lassen sich Menschen mit Faible für Wasser und Natur häufig etwas mehr kosten. Selbst ein kleines Fenster, von dem man halsverrenkend ein Stück des Flusses sehen kann, treibt den Preis. Elbanwohner kennen auch den Winterelbblick – im Sommer verhindert das Grün der Bäume die freie Sicht. Einheimische sprechen ohnehin von Blick, selten von Elbblick (Achtung: Zugereister!).

Eisenten sind nicht nur die kleinsten der Tauchenten und werden der Gruppe der Meerenten zugerechnet. Scherzhaft wird der Begriff auch für einen besonders in den Elbvororten verbreiteten Frauentyp gebraucht. Zu erkennen ist die Eisente am leicht blasierten Gesichtsausdruck und edlem Zwirn (Armani bis Zegna). Leicht zu verwechseln mit

Hochwasser im Mühlenberger Loch vor Blankenese

Trophäenfrauen und Alimente-Jägerinnen. Eine noch lernende, weniger berechnende Variante der Eisente wird auch als Perlhuhn bezeichnet.
Elbletten wird ähnlich scherzhaft für Damen der Elbvororte gebraucht, die dem Klischee nach an Bluse, Perlenkette, Kaschmir-Pulli und Faltenrock zu erkennen sind.
Hirschpark, direkt über dem Mühlenberger Hafen an der Elbchaussee gelegen, verdankt seinen Namen einem Hirschgatter, in dem Damwild zu beobachten ist. Bekannt ist der Park auch durch seine Lindenallee und das Restaurant und *Café Witthüs*. In ihm lebte und arbeitete einst der Schriftsteller Hans Henny Jahnn (1894–1959). (s. auch Tipp S.77)
Kirchen sind in jedem Stadtteil entlang der Elbe beheimatet. Besonders beliebt bei Brautpaaren und in TV-Serien ist die an der Elbchaussee stehende Nienstedtener Kirche. Auf dem angrenzenden, 200 Jahre alten Friedhof finden sich die Grabsteine der Kapitänsfamilien und Großgrundbesitzer ebenso wie der von Heidi Kabel, Hanns Joachim »Hajo« Friedrichs oder Dorothee Sölle.
Internationaler Seegerichtshof. Die einzige Institution der Vereinten Nationen (UN) auf deutschem Boden wurde im Jahr 2000 von Kofi Annan eingeweiht. Der Gerichtshof mit seinen 21 Richtern aus aller Welt liegt direkt an der Elbchaussee und hat 99 Büros.

Treppenviertel in Blankenese. Mit seinen 58 Treppen, Gassen, Wegen und mit 4.864 amtlich gezählten Stufen entzückt es Touristen wie Einheimische immer wieder aufs Neue. Gelegentlich wird das Quartier oberhalb des Strandweges mit dem italienischen Amalfi verglichen.

Tamm, Peter. Der langjährige Springer-Vorstand ist Gründer des Internationalen Maritimen Museums Hamburg. Er lebt mit seiner Ehefrau an der Elbchaussee nahe Teufelsbrück.

Teufelsbrück verfügt über mehrere Geschichten bezüglich seiner Namensgebung. Auf jeden Fall ist Teufelsbrück heute mit seinem kleinen Hafen, dem Fähranleger und der Gastronomie ein attraktiver Ausflugsort für Hamburger wie für Touristen.

Waalkes, Otto. Der Komiker, Musiker, Schauspieler, Regisseur und Synchronsprecher mit Wohnsitz in Blankenese wird häufig nur Otto genannt. Der gebürtige Ostfriese gilt als einer der erfolgreichsten Vertreter des deutschen Humors. Unkompliziert wie seine Scherze und Kalauer ist auch der Komiker selbst. So kann es spontan zum lustigen Gespräch am Elbstrand wie zu einer Einladung zum Tee kommen. Otto kam 1968 nach Hamburg, trat im *Dannis Pan* und *Onkel Pö* auf.

Oben: Anleger Teufelsbrück – von hier geht die Fähre nach Finkenwerder; unten: Anleger Finkenwerder mit Nautischer Zentrale im Hintergrund

> **TIPP**
> *Teufelsbrück.*
> Wer noch nie einen Lotsen gesehen hat – hier werden sie regelmäßig abgesetzt. Neben Lotsenboot und Elbfähren wird am und rund um den Fähranleger Gastronomie von schlicht bis edel geboten. Wer kein Geld ausgeben möchte, setzt sich an den Strand und füttert Möwen.

> **TIPP**
> Von Teufelsbrück setzt die Fähre auf die Elbinsel *Finkenwerder* über, bzw. kommen dort auch die Fähren von Neumühlen an. Dieser kleine Sprung über die Elbe ist immer lohnend, wie das Gespräch mit einer Neubewohnerin der Insel, auf der einst auch der Schriftsteller Gorch Fock lebte, aufzeigt.

»Finkenwerder ist Stadt und Dorf in einem«
Interview mit Tina Rahn, Bewohnerin der Elbinsel Finkenwerder

Bevor die gebürtige Bremerin nach Finkenwerder zog, lebte sie 20 Jahre in Oevelgönne. Die Tochter eines Kapitäns arbeitet als Relocation-Managerin und ist Mutter von zwei Kindern. Für die 51-Jährige steht fest: Einmal am Strom, immer am Strom.

Frau Rahn, Sie haben vor einigen Jahren die Elbseite gewechselt, wohnen jetzt in Finkenwerder. Wie haben Sie den Umzug erlebt?
Das war schon ein großer Schritt für mich. Vorgefunden habe ich hier ein grünes Land hinter dem Deich, eine Schnittstelle von Stadt und Natur. Durch seine Lage ist der Bezug zum Strom Elbe noch viel stärker. Man fühlt sich als echter Küstenmensch.

Wie unterscheiden sich nördliches und südliches Elbufer für Sie?
Das südliche Elbufer bietet ganz klar den schöneren Blick. Außerdem leben die Bewohner hier mit und am Wasser. Die Fähren gehören alltäglich dazu.

Wie lange hat es gedauert, bis Sie sich in Finkenwerder heimisch gefühlt haben?
Ein wenig hat es schon gedauert, da man als Stadtmensch doch sehr verwöhnt ist, was das kulturelle und gastronomische Angebot betrifft. Nach einer Weile habe ich aber festgestellt, dass Finkenwerder sehr viel zu bieten hat – gerade auch in künstlerischen Bereichen. Schnell wird heimisch,

Häuser in Finkenwerder

wer Kinder hat. Denn bei Kindern ist man in Finkenwerder sehr achtsam.

Was bietet Finkenwerder, was fehlt den gegenüber liegenden Stadtteilen?
Finkenwerder ist Stadt und Dorf in einem. Es bietet eine einzigartige Mischung aus Handel, Produktion und Kultur. Es sind viele Handwerksbetriebe und Künstler heimisch. Weiter gibt es ein Freibad mit überragender Aussicht auf die Elbe, die größte Marina auf Hamburger Gebiet, einen der kreativsten Kulturvereine, von Gorch Fock bis Airbus, und mit dem Magazin »De Kössenbitter« eines der umfangreichsten Periodika zur Stadtteilgeschichte.

Welche Flecken am südlichen Elbufer mögen Sie besonders?
Wunderschön ist es, abends mit einem Picknickkorb an der Wasserkante vom Rüschpark zu sitzen. Auch der Blick auf die HafenCity ist phänomenal. Weiter gibt es schöne Plätze an der Süderelbe, in den Westerweiden, am Rüschhafen und im Gorch-Fock-Park.

Wie unterscheiden sich die Bewohner beider Elbufer?
Hier muss ich daran erinnern, dass Finkenwerder eine ehemalige Elbinsel ist. Und Inselbewohner sind immer etwas anders. Auf jeden Fall ist mein Zuhause sehr dörflich geprägt.

TIPP
Rilano Hotel. Das 2011 in Finkenwerder eröffnete Hotel bietet Zimmer und Suiten für den gehobenen Anspruch. Die Panoramafenster in den Hotelzimmern wie auch in den anderen Gastbereichen bieten einen ganz besonderen Blick auf die Elbe. Zum Greifen nah fahren Containerriesen und Kreuzfahrtschiffe vorüber. Auch Einheimische genießen Blick und Cocktail auf der Hotel-Terrasse im Strandkorb sitzend.

Wo der »Traumschiff«-Kapitän wohnt
Oevelgönne

»Die Elbe ist auf der anderen Seite« – mit diesem ins Fenster geklebten handgeschrieben Zettel wehrte sich lange Zeit ein Oevelgönne-Bewohner gegen allzu aufdringliche Blicke in seine gute Stube. Andere stellen Topfpflanzen oder großformatige Figuren ins Fenster. Neugierige Blicke durchdringen auch die. Zum Greifen nah, an einigen Stellen nicht mal durch einen Vorgarten getrennt, blickt der indiskrete Spaziergänger in das Leben der Bewohner wie in eine überdimensionale Puppenstube. Wer in Oevelgönne wohnt, muss mit Touristen und Spaziergängern leben. Bei gutem Wetter müssen die Anwohner mit sehr, sehr vielen Ausflüglern, deren Kommentaren, Fragen und eben auch Blicken fertig werden. Die frischluft- wie sonnenhungrigen Besucher kommen von überall her, aus der Innenstadt, dem Umland, ja aus der ganzen Welt.

Strandperle und Häuser in Oevelgönne

Interessanter als den Blick auf den Strom finden viele von ihnen häufig den auf dem Fensterbrett dekorierten Nippes sowie die dahinter bei Kaffee und Kuchen sitzenden Hausbewohner. Wer hier wohnt, kauft den Blick auf die Elbe und den auf sich selbst gleich mit.

Der Hamburger zeigt den angereisten Verwandten gern die pittoreske Szenerie zwischen dem Anleger Neumühlen und dem Elbwanderweg. Dabei erzählt er von Kapitänen und Lotsen, dem kleinen Privatmuseum *Oevelgönner Seekiste*, gleich oberhalb des landesweit beliebten Lokals *Strandperle*. Herbert Lührs, der Gründer des 1972 vom damaligen Wirtschaftssenator Helmut Kern eröffneten Museums, schmunzelte, wenn Passanten ihn »Käppen Lührs« nannten und ihm auch ehrfürchtig wie einem echten Kapitän begegneten. Mit seinem malerischen, eisgrauen

Oben: Shit happens – zu wenig Wasser am Oevelgönner Strand; unten: Privatmuseum Oevelgönner Seekiste

Bart, der Schippermütze, dem zünftig blauweiß gestreiften Fischerhemd und seinem maritimen Habitus verstärkte er den Eindruck. Nur war »Käppen Lührs« nie zur See gefahren. Er hatte Bootsbauer gelernt und war in den Bootsverleih seines Bruders Max eingestiegen. Der Seefahrt war Herbert Lührs eng verbunden, auch wenn er nie auf der Brücke eines großen Schiffes am Kartentisch stehend den Kurs festgelegt hatte. Lührs' maritimes Faible ging so weit, dass er seine möblierten Zimmer besonders gern an Seefahrtsschüler vermietete.

Tempi passati. Heute sind Seeleute und Lotsen in Oevelgönne so selten wie Buddelschiffe am Elbstrand. Und wenn es noch einen echten Kapitän gibt, macht er gleich Schlagzeilen. So wie der langjährige »Traumschiff«-Kapitän Christian Jungblut. 2012 hatte sich Jungblut vor seine Mannschaft gestellt, als die Reederei die DEUTSCHLAND ausflaggen, nicht mehr unter schwarz-rot-goldener Flagge fahren wollte. Mit einer Billigland-Flagge wollten die Investoren Millionen sparen. Heute hat Jungblut einen neuen Job. Wer ihn zufällig mal in Oevelgönne trifft, dem erzählt er gut gelaunt von seinem neuen Arbeitsplatz, der Privatyacht CARINTHIA VII (40.250 PS), Liegeplatz in Venedig.

Die Oevelgönner Elbküste ist eine legendenträchtige Meile, die besonders an Sonntagen bei Touristen so beliebt ist wie ein Bratwurststand

beim Hafengeburtstag. Der alte Ortsname gibt Anlass zur Diskussion. Laut Übersetzung Altvorderer bedeutet Oevelgönne »Übelgunst«. Wer von ihr befallen wurde, ist unklar. Entweder soll sie sich auf die Einstellung der ersten Bewohner oder auf die schlechte Bebaubarkeit des Geländes beziehen. Eine zweite Version spricht von der Missgunst der oberhalb lebenden Ottenser gegenüber den Oevelgönnern. Die Oevelgönner waren nun

Museumshafen Oevelgönne

mal die Ersten an der Elbe, wenn Wertvolles, über Bord Gefallenes, am Strand angespült wurde. Den Ottensern entging dadurch so manches. Angespült wird heute nur noch selten wirklich etwas von Wert. Seit alle Waren in Containern verschifft werden, liegen bestenfalls ein Paar Arbeitshandschuhe oder eine gebrochene Festmacherleine am Strand. Und natürlich Holz als Strandgut. Es ist ein sich ausbreitendes Hobby geworden, die vom Wasser lange verwaschenen Stücke, so schwer sie auch sind, zu schultern und nach Hause zu schaffen. Ums Eck ins Haus in Oevelgönne oder hoch nach Ottensen. Dort oben gibt es inzwischen Cafés, in denen diese Fundstücke zum Ambiente für den Gast gehören.

Selten wie wertvolles Strandgut sind hier inzwischen auch Seeleute. Wo einst Kapitäne und Lotsen wohnten, quartierten sich mehr und mehr Wohlhabende, Künstler und Kaufleute ein. Viele Jahre lebte hier der Schriftsteller und Dichter Peter Rühmkorf (1929–2008), einst Rowohlt-Lektor, Autor der Zeitschrift »konkret« und vielfacher Preisträger.

Jahrzehntelang war Spaziergänger Rühmkorf, tagsüber meist allein, schon von weitem am wehenden Schal zu erkennen. In sich gekehrt, vielleicht Texte memorierend oder gar dichtend, verströmte er eine Aura der Unnahbarkeit. Bis man in der Schlange vor der Kasse bei Edeka in der Waitzstraße mal direkt hinter ihm stand. Lyrikkenner sehen Rühmkorf auf dem intellektuellen Hochseil balancieren. Das war ihm auch äußerlich anzusehen. Unvergessen sind Rühmkorfs Auftritte, eigene Gedichte rezitierend, musikalisch begleitet von Michael Naura und Wolfgang Schlüter. Er lebte hier mit seiner Frau Eva, einst Leiterin der etwas elbab gelegenen Jugendstrafanstalt Hahnöfersand und später auch Ministerin in Schleswig-Holstein.

Zugänglicher als der hochdekorierte Dichterfürst von der Oevelgönne schrieb Hans Leip, der Oevelgönne mit »Jan Himp und die kleine Brise« ein Denkmal setzte. Der heute noch in Oevelgönne lebende Maler Ali Schindehütte zeigt sein Revier in dem Bildband »Die Kinder von Oevelgönne«. Weniger ruhmreich ging ein anderer Oevelgönner in die Geschichte ein. Einer der für den Hitler-Tagebücher-Skandal mitverantwortlichen »Stern«-Redakteure residierte hier mit Elbblick.

So verschieden ihr Ansehen, ihre Spuren am Elbstrand und anderswo: Keinen von ihnen hat man jemals in ein Fenster seiner Nachbarn spähen sehen.

> **TIPP**
> **Le Canard Noveau.**
> Das direkt oberhalb des Anlegers Neumühlen gelegene Restaurant wird von Küchenchef Ali Güngörmüs betrieben. Die »Zeit« schrieb mal von »Döner mit Stern«, was natürlich Unsinn ist. Denn Ali Güngörmüs kocht mediterran, würzt dabei geradlinig, gern aromenstark. Neben der exzellenten Küche erwartet den Gast ein einzigartiger Blick auf den Museumshafen Oevelgönne sowie das Geschehen im gegenüberliegenden Containerhafen.

Blick vom Anleger Neumühlen/Oevelgönne elbabwärts

HAMBURG-WISSEN
Am Elbufer

Elbtunnel. Der neue Elbtunnel unter der Elbe vor Oevelgönne beginnt im Stadtteil Othmarschen und führt die Autos 3.325 Meter weit zum südlichen Elbufer, mitten im Hamburger Containerland kommen sie wieder ans Tageslicht. Der Tunnel wurde 1975 eröffnet, 2002 wurde eine vierte Röhre freigegeben. Rund 150.000 Fahrzeuge nutzen heute pro Tag diese Elbquerung. Am Oevelgönner Elbufer steht das dazugehörige Lüfterbauwerk.

Himmelsleiter. Eine steile Treppe, die den Elbwanderweg in Oevelgönne mit der Elbchaussee verbindet. Für die Oevelgönner eine der beiden Hauptmöglichkeiten, nach oben zu den Autos und zum Einkaufen zu kommen. Die andere ist der moderater zu begehende Weg Schulberg.
Musemshafen Oevelgönne ist die Heimat für maritime Oldtimer wie das Feuerschiff ELBE 3, den Eisbrecher STETTIN und die ehemalige Elbfähre BERGEDORF. Auch diverse alte Segler machen hier immer wieder fest.

Säulenvilla. Sie zählt zu den spektakulärsten Bauwerken an der Elbchaussee oberhalb von Oevelgönne. Geheimnisumflort in Sachen Eigentümer und Bewohner, drehte Wim Wenders hier nach dem gleichnamigen Patricia-Highsmith-Roman den Film »Der Amerikanische Freund«. Der Legende

nach wurde dabei der Mieter vergrault. Der Film ist ein Klassiker der Hamburg-Movies.

Schwimmen in der Elbe. Die Wasserqualität der Elbe ist gut bis sehr gut – das Baden und Schwimmen wäre also durchaus möglich. Wenn die Elbe keine Bundeswasserstraße für Hochseeschiffe und Binnenschiffe wäre. Die schlechte Nachricht für alle Wasserratten: In Hamburg gibt es an der Elbe keine offizielle Badestelle. Volker Dumann, Pressesprecher der Umweltbehörde, erklärt das so: »Die Elbe ist wie eine Autobahn für den Schiffsverkehr, und auf der Autobahn geht ja auch niemand spazieren.« Der Sog und Schwall der großen Pötte stellt jedoch nicht die einzige Gefahr für Badende dar. Laut Dumann bergen auch die Gezeitenströmung von der Nordsee, die eigene Strömung der Elbe sowie die hohe Sedimentfracht Risiken. Durch die Sedimente ist die Sichttiefe gering, beträgt kaum mehr als einen Meter, und damit wird die Rettung von Menschen, falls sie untergehen, fast unmöglich. Dennoch gibt es von Jahr zu Jahr mehr Mutige, die den Sprung in das braun-brackige Nass nicht scheuen. Denn die Wasserqualität ist schon lange kein echter Hinderungsgrund mehr. Beliebteste Strände sind die Gebiete östlich und westlich der *Strandperle*, in Blankenese und in Wittenbergen.

Strände gibt es entlang der Elbe mehrere. Allein in den Elbvororten sind es insgesamt über vier Kilometer. Bei Oevelgönne beginnen sie, in Blankenese und vor allem in Wittenbergen werden sie echte Konkurrenz zur Atlantikküste.

Alter Schwede wird ein am Oevelgönner Elbstrand liegender Findling genannt, der 1999 aus 13 Meter Elbtiefe geborgen wurde. Viereinhalb Meter hoch, 217 Tonnen schwer, gilt er mit seinen geschätzten 1,8 Millionen Jahren als ältester Einwanderer der Stadt. Vor 400.000 Jahren soll ihn die letzte Eiszeit in die Elbe gespült haben. Er steht seit 2001 unter Denkmalschutz.

> *TIPP*
> *Die Seemannskneipe **Zum Seeteufel** am Anfang der Elbchaussee oberhalb von Neumühlen wurde vor 50 Jahren von Felix Graf von Luckner eröffnet. Heute wird der **Seeteufel** von Evelyn Subbert (von allen Gästen nur Evi genannt) geführt.*

»Die Gäste schätzen die klare Linie«
Interview mit Evelyn Subbert, Wirtin des Seeteufels

Evelyn Subbert ist gelernte Gastronomin. Nachdem sie das Lokal übernommen hatte, ließ die kleine Person hinter der Theke ein Podest einbauen: Augenhöhe mit dem Gast muss sein. Die Gästeschar ist so bunt wie Elvis' Kleidung. Vom Kriminalbeamten über Hartz-IV-Empfänger, Reeder und Verlegerin bis hin zum Bundestagsabgeordneten – alle schätzen die spezielle Atmosphäre.

Frau Subbert, Sie führen seit 26 Jahren den Seeteufel. Wie hat sich Ihr Publikum seitdem verändert?
Neben den vielen treuen Stammgästen kommen hier immer wieder neue Gäste hinzu. Insgesamt ist das Publikum jünger geworden.
Kommen noch viele Seeleute zu Ihnen?
Vor allem kommen ehemalige Studenten aus der damals nah gelegenen Seefahrtsschule. Es kommen aber auch junge Seeleute, darunter Schlepperkapitäne aus Neumühlen.
Es gibt immer weniger Lokale wie Ihren Seeteufel. Sind solche Pinten vom Aussterben bedroht?
Ich fürchte, ja. Denn viele Lokale wollen das schnelle Geld machen. Ich habe 20 Jahre lang den *Seeteufel* aufgebaut und viel Dekoration gesammelt, damit diese bestimmte Atmosphäre entsteht. Das ist für eine Seefahrtskneipe wichtig.
Was schätzen die Gäste am Seeteufel besonders?
Gäste schätzen die klare Linie bei mir – wie bei Muttern. Hier wird viel kommuniziert. Neue Gäste werden eingemeindet.
Wie reagieren Touristen und zufällige Gäste auf Ihr Lokal?
Viele sagen, sei seien hier schon tausendmal vorbeigefahren, jetzt hätten sie mal einen Parkplatz gefunden. Viele versprechen wiederzukommen, weil es bei mir gemütlich und speziell ist.

Promenade in Neumühlen und das Dockland

Schlepper in Neumühlen und Blick in den Köhlbrand

> **TIPP**
> **U-Boot U-434.** Einst diente es der russischen Marine zur Spionage. Heute liegt es am Fischmarkt in Sankt Pauli. Es kann das ganze Jahr über besichtigt werden. Dabei lässt es sich, an die Zeit des Kalten Krieges denkend, herrlich gruseln.

> **TIPP**
> **Fischmarkt.** Beim sonntäglichen Fischmarkt treffen sich Nachtschwärmer und Frühaufsteher auf ein Fischbrötchen vor schönstem Hafenpanorama. Der Hanseat zeigt seinem Gast aus der Provinz mehr oder weniger gern das bunte Treiben. Neben alkoholisierten Menschen sind auch Sparfüchse mit vielen schwer bepackten Taschen unterwegs.

Hier geht es runter zum Alten Elbtunnel

Tief runter unter die Elbe
Der Alte Elbtunnel

Mit dem Auto oder Fahrrad in einen Fahrstuhl fahren? Zu Fuß unter der Elbe hindurchgehen, dabei Bilder betrachten? Einem weit über 100 Jahre alten Bauwerk vertrauen? Touristen sind immer wieder überrascht, wenn sie den Alten Elbtunnel betreten. Selbst Hamburger sind beim ersten Besuch von diesem imposanten Bauwerk beeindruckt.

Der Tunnel unterquert die Elbe auf einer Länge von 426,50 Meter und verbindet mit zwei Tunnelröhren die nördliche Hafenkante bei St. Pauli Landungsbrücken mit der Elbinsel Steinwerder. Er wird von Fußgängern, Radfahrern und auch Autofahrern genutzt.

Nötig wurde der Bau, weil nach 1870 immer mehr Arbeiter zwischen Hafen und Stadt pendelten. Die kleinen, vom Wetter abhängigen Barkassen und Fähren schafften es nicht mehr, die Massen an Menschen zu transportieren. 1895 arbeiteten im Hafen 25.000, auf den Werften 20.000 Männer.

So war ein Tunnel die einzige sinnvolle Lösung. Doch es dauerte lange, bis der Hamburger Senat das nötige Geld für das kostspielige Projekt lockermachte. Erst im Juli 1907 erfolgte der erste Spatenstich. Weit über 4.000 Arbeiter schaufelten und buddelten bis zur feierlichen Eröffnung im September 1911. Der damals als technische Sensation geltende Bau kostete 10,7 Millionen Goldmark.

Während des Zweiten Weltkriegs erlebte der Tunnel seine bisher dramatischste Zeit. Er diente vielen Hamburgern als Luftschutzbunker. Trotz der Gefahr, dass bei einem Bombenangriff jederzeit Wasser in die Röhre hätte eindringen können.

Immer wieder wurde der Elbtunnel saniert. Das Kuppeldach in Steinwerder war durch Bombenangriffe so stark beschädigt worden, dass es nach Kriegsende durch ein Flachdach ersetzt werden musste. In den 1950er Jahren wurden moderne Leuchtstoffröhren und eine zusätzliche Lüftungsanlage eingebaut. Seit 1995 läuft ein umfassendes Sanierungsprogramm. Bis 2016 wird die östliche Tunnelröhre saniert. 2019 soll auch die westliche fertig sein.

Stintfang (links) und Landungsbrücken (mit RICKMER RICKMERS, CAP SAN DIEGO und – auf der anderen Elbseite – den Musicaltheatern)

> **TIPP**
> **Weinberg am Stintfang.** Oberhalb der Landungsbrücken gelegen, bietet die Anhöhe einen guten Rundblick über die Elbe. Ein beliebter Ort zum Verfolgen von Schiffstaufen und anderen Spektakeln.

Neben der technischen Meisterleistung fasziniert den Besucher von heute auch die Gestaltung im Inneren des Tunnels.

An den gefliesten Wänden der Tunnelröhren sind in regelmäßigem Abstand kleine Steinzeug-Reliefs eingefügt. Auf ihnen ist thematisch die darüber liegende Elbe dargestellt. Hierzu gehören Abbildungen von Fischen, Krebsen, Muscheln, aber auch von Ratten und weggeworfenen Gegenständen. Heute, nach recht wechselvoller Geschichte, ist der St. Pauli Elbtunnel viel mehr als ein Verkehrsweg. Im Rahmen der Kunstausstellung ElbArt hing an den Wänden nationale und internationale Kunst. Der Bau hat mit dem Elbtunnel-Marathon sogar ein eigenes Rennen, eines der wenigen unter Tage weltweit.

> **TIPP**
> **Die Landungsbrücken.** Wer keine Scheu vor größeren Menschenansammlungen hat, sich spontan für eine Hafenrundfahrt entscheiden will, Fischbrötchen im Gehen isst, der findet all das an den Landungsbrücken. Den Blick auf den Hafen, die CAP SAN DIEGO und die RICKMER RICKMERS gibt es gratis.

Überseebrücke mit der CAP SAN DIEGO

Der weiße Schwan
Die CAP SAN DIEGO

Kein anderes Frachtschiff verkörpert die traditionelle Stückgutfahrt nach dem Zweiten Weltkrieg so wie die CAP SAN DIEGO. Der 1961 gebaute Stückgutfrachter wurde von der Reederei Hamburg Süd im Liniendienst mit Südamerika eingesetzt. In den 1980er Jahren wurden die wegen ihrer eleganten Form auch »Weiße Schwäne des Südatlantiks« genannten Cap-San-Schiffe von den Containerschiffen verdrängt. Machen heute Containerschiffe nur noch für Stunden im Hafen fest, lagen Stückgutfrachter wie die Cap-San-Schiffe bis zu 14 Tage im Hafen. Sehr zur Freude der Seeleute, die Häfen wie Rio de Janeiro oder Santos besonders zu schätzen wussten. Ausgiebige Landgänge, manchmal mit Familienanschluss, gehörten damals dazu. Die CAP SAN DIEGO, 1986 vor dem Verschrotten gerettet, liegt seit 1990 an den St. Pauli Landungsbrücken. Eigentümerin ist seit 1987 die Stiftung Hamburger Admiralität. Rund 20 Mitarbeiter sind heute an Deck, im Kontor und als Nachtwachen an Bord. Unterstützt werden sie von etwa 100 ehrenamtlichen Helfern. Die CAP SAN DIEGO, das größte seetüchtige und betriebsfähige Museumsfrachtschiff der Welt, steht seit 2003 unter Denkmalschutz.

»Wieso fährt das Schiff noch?«
Interview mit Rüdiger von Ancken, Crewmitglied und Kapitän der CAP SAN DIEGO

Rüdiger von Ancken, Jahrgang 1944, fuhr insgesamt 40 Jahre zur See, davon 20 Jahre bei der zur Oetker-Gruppe gehörenden Reederei Hamburg Süd. Als Seemann war er weltweit unterwegs. Zehn Jahre lang fuhr er zwischen Europa und Südamerika, weitere zehn Jahre auf Schiffen, die zwischen der Ostküste der USA und Neuseeland/Australien verkehrten. Seit 1995 gehört von Ancken zur Crew der CAP SAN DIEGO, einem legendären ehemaligen Hamburg Süd-Schiff. Auf ihm stand Rüdiger  von Ancken schon als junger Mann als Zweiter Nautischer Offizier auf der Brücke. Jetzt fährt der Mann mit dem Patent für die Große Fahrt das Schiff bei den gelegentlichen Ausfahrten als Kapitän.

Herr von Ancken, wie reagieren Touristen auf maritime Themen?
Sehr positiv, denn die Touristen kommen ja in der Regel auch wegen des Hamburger Hafens nach Hamburg und finden Hamburg sowie die ganze maritime Meile von den Landungsbrücken bis zur Überseebrücke ganz toll. Ein Beispiel von der CAP SAN DIEGO: Bei der Verabschiedung der Besucher nach einer Schiffsführung auf der CAP SAN DIEGO kommt häufig das Bekenntnis, unbedingt wiederzukommen.

Was sind die häufigsten Fragen an Bord der CAP SAN DIEGO?
Häufig wird gefragt: Wieso fährt das Schiff noch? Meine Antwort: Weil sich alle Freiwilligen dafür einsetzen, es fahrbereit zu halten. Ihre größte Freude ist es dann, nach langen, arbeitsreichen Reparatur- und Wartungsarbeiten in der Winterzeit, im Frühjahr wieder in See stechen zu können. Weiter fragen die Besucher, warum an Bord freiwillig gearbeitet wird. Dann erkläre ich, dass es Freude macht, ein so schönes Schiff zu erhalten und dass jeder Freiwillige auf irgendeine Art und Weise seine Berufserfahrungen mit einbringt. Interesse besteht auch am Liegeplatz und daran, ob der kostenfrei zur Verfügung gestellt wird.

Wodurch unterscheidet sich die Seefahrt zur Zeit der Cap-San-Schiffe von der heutigen?
Die Liegezeiten in den südamerikanischen Häfen waren damals deutlich länger, manches Mal sogar eine Woche lang. Heute freut man sich, wenn man mal über Nacht im Hafen liegen darf. Auch das gesellschaftliche Miteinander war damals ausgeprägter. Es wurde nach Feierabend noch lange zusammengesessen und geklönt. Das gibt es heute nicht mehr.

Wie stark sind die Hamburger mit der Seefahrt verbunden?
Nur sechs Worte: Hamburg ist das Tor zur Welt.

Wie sehen Sie die Zukunft der Seefahrt, fahren eines Tages Schiffe ferngesteuert und ohne Besatzung über die Meere?
Bei den Autos wird es ja schon getestet. Bei Schiffen, ich weiß nicht so recht. Aber früher, zur Segelschiffszeit, konnte man sich auch nicht vorstellen, dass sich die Dampfschifffahrt einmal durchsetzen würde.

> **TIPP**
>
> *Rickmer Rickmers ist ein dreimastiges stählernes Frachtsegelschiff, das heute als Museums- und Denkmalschiff im Hafen bei den St. Pauli Landungsbrücken liegt. Es lief im August 1896 auf der Werft der Bremerhavener Reederei Rickmer Clasen Rickmers als Vollschiff vom Stapel. Benannt wurde es nach dem Enkel des Reeders, Rickmer Rickmers (1893–1974). In einem Orkan im Indischen Ozean verlor das Schiff 1904 seinen Kreuzmast und konnte von der Besatzung noch in den Hafen von Kapstadt gerettet werden. Dort wurde es aus Kostengründen zur Bark umgetakelt.*

Eine schwebende Idee
Die Seilbahn über die Elbe

Ein Musicalbetreiber hatte wohl die Idee. Er wollte Besucher der Theater am Hafen per Seilbahn über die Elbe befördern. Das Unternehmen »Stage Entertainment« wollte mit einem österreichischen Seilbahnbauer 35 Millionen Euro in die 1,5 Kilometer lange Strecke investieren. Daraus wurde vorerst nichts. In einem Bürgerbescheid stimmte im August 2014 eine Mehrheit von über 63 Prozent gegen das Projekt. Zur Stimmabgabe waren 203.318 Bürger des Bezirks Hamburg-Mitte aufgerufen. 50.081 gaben ihre Stimme ab, 31.769 (63,4 Prozent) der gültigen Stimmen votierten gegen das Projekt, nur 18.312 dafür. Die Wahlbeteiligung lag bei rund 25 Prozent.

Geplant war eine Seilbahn, die auf 80 Meter hohen Stützen vom Hei-

ligengeistfeld auf St. Pauli über die Elbe zu den Musicaltheatern im Hafen führen sollte. Am südlichen Elbufer, im Stadtteil Steinwerder, erwarten gleich zwei Musicaltheater Besucher. »Der König der Löwen« läuft seit 2001. Im neuen, 2014 eröffneten Stage Theater wird »Das Wunder von Bern« gezeigt. Die Seilbahn sollte die Shuttle-Fähren der HADAG für die Musicalbesucher ergänzen.

Die Gegner des Projekts feierten das Votum als »Sieg David gegen Goliath«. Sie hatten erhöhte Touristenzahlen und zusätzlichen Verkehr befürchtet. Die Seilbahn-Befürworter von Hamburger Handelskammer und »Stage Entertainment« hingegen sprachen von einer »verpassten Chance«. Neben den Gästen hätten auch die Hamburger profitiert, meinen sie.

Europas größte Flussinsel
Wilhelmsburg und seine Nebeninseln

Manche Projekte dauern einfach etwas länger. Sie bleiben in den Schubladen, auf Festplatten oder in Parteiprogrammen liegen. Nein, von der Elbphilharmonie soll an dieser Stelle nicht gesprochen werden, die ist ja schon zu sehen. Es geht um den »Sprung über die Elbe«. Der Anlauf war gewaltig, der Sprung geriet zu kurz, das behaupten zumindest Menschen, die mit dem Thema länger vertraut sind. Die Idee: Hamburg will auf zentral gelegenen, stadtnahen Flächen weiter wachsen. Solche Areale sind knapp, im Hamburger Süden wollen Hamburgs Stadtväter sie gefunden haben.

Eine Bestandsaufnahme der Elbinseln Veddel und Wilhelmsburg: Die größte Flussinsel Europas umfasst die Stadtteile Wilhelmsburg, Steinwerder, Kleiner Grasbrook und die separate Wohninsel Veddel. Sie werden von der Norder- und Süderelbe umflossen. Charakterisiert werden die sehr stadtnahen Quartiere durch extrem entgegengesetzte Nutzungen. Neben weitläufigen Hafen-, Industrie- und Landwirtschaftsflächen gibt es ganz unterschiedliche Wohngebiete und

Im Norden der Elbinseln: die Musicaltheater

Wasserläufe. Die Autobahnen A 1 und A 7 sowie die Bundesstraßen B 4/75 führen über die Inseln hinweg. Durchschnitten wird das Gebiet zudem durch S-Bahn- und Fernbahntrassen. Dass es in Wilhelmsburg, wie der größte Teil der Insel genannt wird, sehr interessante und wohnenswerte Ecken und Wasserkanten gibt, das ist vollkommen unbestritten. Ein Ausflug auf diese große Insel kann nur jedem empfohlen werden.

Historiker sehen den möglichen Sprung über die Elbe aus eigener Perspektive. Mitte des 17. Jahrhunderts ließ Georg Wilhelm Herzog von Braunschweig-Lüneburg drei Inseln »zusammendeichen«. Er erklärte das neue Land zur Herrschaft Wilhelmsburg und schenkte es seiner Tochter Sophie Dorothea. Ihr Sohn regierte später als King George II. England, ein Enkel beherrschte als Friedrich der Große Preußen. Das so geschaffene Wilhelmsburg gehörte fortan zu Harburg, damit zum Königreich Hannover. Bis 1937 waren die Wilhelmsburger Preußen. Erst 1937, durch das Groß-Hamburg-Gesetz, wurden sie zu Hamburgern. Altona und anderen Gemeinden am Nordufer der Elbe ging es mit dem Gesetz ebenso.

Nach Stadtplanern und Historikern kommt nun die Wirtschaft ins Spiel. Denn wer den Zusammenhang verstehen will, muss die manchmal widerstrebenden Interessen im Blick haben. Jahrhundertelang hatte der Fluss dreiviertel seines Wassers bei den Harburgern vorbeigeschickt. Als den Hamburgern das nicht mehr passte, bauten sie einen Damm, um der preußischen Konkurrenz Paroli zu bieten. Als dann im Rahmen der Industrialisierung der Hafen immer wichtiger wurde, veränderte sich die

Köhlbrandbrücke: die westliche Straßenanbindung der Elbinsel Wilhelmsburg

gesamte Region der Elbe radikal. Damals schon hatte Hamburg einen Oberbaudirektor mit rigorosen Ideen. So entschied Fritz Schumacher: Auf der Geest wird gewohnt, in der Marsch gearbeitet. Denn Marschland sei ungeeignet für den Wohnungsbau. Nach Schumachers Meinung sollte Hamburg nach Norden wachsen. Hamburgs Süden, mit ihm die Elbinseln, geriet somit aus dem Blick. Fachleute nennen das Ergebnis heute den »gelernten Graben«.

Nach der Sturmflut von 1962 wurde dieser Graben tiefer. Es wurde weniger investiert, Firmen zogen weg. Die Einwohnerstruktur veränderte sich. Heute leben auf der Elbinsel Menschen aus 40 Nationen. In den Blickpunkt rückte der Stadtteil im Jahr 2013 mit der Internationalen Bauausstellung und der Internationalen Gartenschau. Damit sollte der Startschuss für den Sprung über die Elbe fallen, Wilhelmsburg aufgewertet werden.

Die Zukunft des Stadtteils bleibt trotz zugezogener Studenten und zugesagter Investitionen für den Binnenhafen Harburg zweifelhaft. Nach wie vor zerreißen Straßen und Bahntrassen die Insel, Schwerlaster donnern pausenlos über sie hinweg. Wilhelmsburg ist und bleibt im Kern ein Brückenkopf für den Wirtschaftsverkehr der Metropolregion Hamburg. An die 50.000 Lastwagen und fast ebenso viele Pkw sind auf der Wilhelmsburger Reichsstraße unterwegs – täglich. Trotz aller Bedenken bleibt für den Stadtteil nur eine Chance: der Sprung über die Elbe. Laut Hamburger Senat wird weiter gesprungen. Wie und wohin, das sollte man sich ansehen.

TIPP

Hafenmuseum. Wer wissen will, wie es im Hamburger Hafen lange Zeit aussah, der muss das Hafenmuseum besuchen. Es liegt mitten im ehemaligen Freihafen auf einem Kaiensemble, das vor mehr als 100 Jahren angelegt wurde. Bis Ende der 1960er Jahre wurde hier am Bremer Kai der Südamerikaverkehr abgewickelt. Im Hafenmuseum werden zahllose Exponate aus den Bereichen Schifffahrt und Schiffbau, Güterumschlag und Meerestechnik gezeigt. Auf der Pontonanlage im Hansahafen sind die schwimmenden Objekte des Museums zu erleben. Unmittelbarer als rund um den Schuppen 50A ist Hafengeschichte nicht erfahrbar.

Alte Krane vor dem Hafenmuseum

TIPP

Südliches Elbufer. Zu Fuß durch den Alten Elbtunnel oder mit der Fähre auf die andere Seite der Elbe – abseits ausgetretener Touristenpfade findet hier der Ruhesuchende sogar kleine Strandabschnitte. Ideal zum Lesen und Nachdenken.

TIPP

Ballinstadt. Das Auswanderungsmuseum auf der Elbinsel Veddel wurde 2007 eingeweiht und steht an der Stelle der früheren Auswandererhallen. Der HAPAG-Reeder Albert Ballin hatte die ersten Auswandererhallen 1901 bauen lassen. In drei originalgetreu wieder aufgebauten Gebäuden können Besucher die Geschichten von Menschen nacherleben, die von hier aus nach Übersee auswanderten. Zwischen 1850 und 1939 war Hamburg das »Tor zur Welt« für über fünf Millionen europäische Auswanderer, die auf der Flucht vor politischer und religiöser Verfolgung waren oder, einfach um einem Leben in Armut und Hunger zu entgehen, über Hamburg die »Alte Welt« verließen.

TIPP
Naturschutzgebiet Heuckenlock. Das Naturschutzgebiet Heuckenlock ist einer der letzten Tideauenwälder Europas und ein Süßwasserwatt. Es liegt in Hamburg-Moorwerder im Südosten der Elbinsel Wilhelmsburg. Es wird ungefähr 100-mal pro Jahr durch Spring- oder Sturmfluten überflutet. Für Freunde von Flora und Fauna ist das Süßwasserwatt besonders interessant, denn es ist das artenreichste Naturschutzgebiet im Hamburger Raum.

TIPP
Kaffeeklappe Steinwerder. In Hamburg wurde 1848 ein »Comitee für die Errichtung von Volkskaffeehallen« gegründet und 1887 ein »Verein für Volkskaffeehallen«. Vor allem im Freihafen entstanden sie für die Hafen- und Werftarbeiter. Mehrere hundert von ihnen hatten in den Kaffeeklappen Platz. Neben der Oberhafenkantine zählt die Kaffeeklappe Steinwerder heute zu den letzten in der ganzen Stadt. Die Verpflegung ist rustikal, der Ton so rau wie herzlich. Wer durch den Alten Elbtunnel nach Steinwerder anreist, landet auf dem Kopfsteinpflaster der Hermann-Blohm-Straße, die an der Werft Blohm+Voss verbeiführt und in den Reiherdamm mündet. In einem weißen Kasten werden hier Mett- und Schinkenbrötchen geschmiert, Bier, Eistee und härtere Getränke ausgeschenkt.

Weltweit einzigartig
Das Lagerhausviertel der Speicherstadt

Als Kaffee, Tee und Gewürze noch in Säcken transportiert wurden, beherrschten ihre Düfte Speicher, Böden und Fleete der Speicherstadt. Firmenschilder und Kontore prägen das heute unter Denkmalschutz stehende und unmittelbar an die HafenCity grenzende Quartier. Die 26 Hektar große Speicherstadt ist der weltweit größte auf Eichenpfählen gegründete Lagerhauskomplex. Er zieht sich von der Kehrwiederspitze und dem Sandtorhöft im Westen bis zum ehemaligen Teerhof bei der Oberbaumbrücke im Osten. Dabei wird er von sechs Fleeten durchzogen.

Wer in diesem Quartier die Nase weit aufsperrt, alle Sinne weitet, spürt heute noch jenen hanseatischen Geist, der Kaufleuten nachgesagt wird. Wobei Hamburger Kaufleute je nach Perspektive mal mehr, mal weniger gut wegkommen. In einem gelegentlich zu hörenden Bonmot wird gefragt: »Was ist der Unterschied zwischen einem Hamburger und einem Bremer Kaufmann? Beide würden ihre Schwiegermutter verkaufen. Aber der Bremer liefert wirklich.« Klar, dass Hamburger die Frage umgekehrt beantworten.

Bei aller Begeisterung für die Speicherstadt wird leicht vergessen, welchen Preis Hamburger Arbeiter und Handwerker zahlten. Rund 20.000 Menschen mussten dem Bau weichen, ihre Wohnhäuser wurden abgerissen. »Der Hausstand der meisten Leute ist nur klein, so dass zum Transport ein Ziehwagen oder eine Karre ausreicht. Kisten, Körbe, Möbel werden mit Seilen auf dem Karren festgebunden. Über allem thront eine Matratze, auf die später die kleinsten Kinder gesetzt werden.« So beschreibt Angelica Griem in ihrem Buch »Kaufmannsträume« den Umzug aus dem Armenviertel der Wandrahminsel. Nötig wurde der Umzug durch den 1881 geschlossenen Zollanschlussvertrag. Die bis dahin über die Stadt verteilten Kontore und Lagerhallen mussten innerhalb neuer Zollgrenzen konzentriert werden. In dieser Enklave sollten die angestammten Privilegien der Hamburger Kaufleute gelten, die vorher für das gesamte Stadtgebiet galten: Importgüter zollfrei einführen, lagern und veredeln.

Der Zollanschluss Hamburgs wurde von Bürgermeister Johannes Versmann ausgehandelt, nachdem Reichskanzler Otto von Bismarck gedroht hatte, das damals preußische Altona nebst St. Pauli dem im Deutschen Reich geltenden Zollgebiet einzuverleiben. Da der Zollanschluss auf den 15. Oktober 1888 festgesetzt wurde, blieben den Stadtvätern und ihren Architekten sieben Jahre zum Bau der Speicherstadt.

Als Standort wurde eines der ältesten Stadtviertel gewählt. Der Spitzhacke zum Opfer fielen neben dem Armeleuteviertel an Kehrwieder und Brook auch die mehrgeschossigen Fachwerkhäuser nebst Läden und Gängen sowie die schönsten barocken Bürgerhäuser. Die Betuchten, die Kaufleute und Senatoren, waren schon längst vorher in die Villenviertel an die Außenalster abgewandert. Ihre Häuser dienten nur noch als Kontore oder waren in Mietwohnungen aufgeteilt worden. Umziehen mussten auch Handels- und Lagerfirmen, als das Wandrahmviertel abgerissen wurde. Die Ärmeren zogen in Stadtteile wie Hammerbrook, Eimsbüttel und Barmbek. Dort waren die Wohnungen zwar besser ausgestattet, aber der Weg zur Arbeit war viel weiter.

Dass ursprünglich veranschlagte Baukosten überschritten werden, das gab es auch damals schon. Der Senat hatte mit 106 Millionen Mark gerechnet, am Ende schlug der Speicherstadt-Bau mit 112,7 Millionen Mark zu Buche. Die Steigerung aber war moderat, man vergleiche: Die Elbphilharmonie wird mehr als zehnmal so teuer wie mal angekündigt.

Obwohl fast ein Vierteljahrhundert an der Speicherstadt gebaut wurde, verblüfft das Lagerhausviertel durch seine architektonische Geschlossenheit. Die als »Hannoversche Schule« bezeichnete neugotische Backsteinarchitektur prägte bereits seit 1860 das Bauen in Norddeutschland. Sie geht zurück auf den Architekten Conrad Wilhelm Hase, der von 1849 bis 1894 in Hannover als Lehrer an der Polytechnischen Schule auf eine ganze Generation von Architekten einwirkte.

Das weltweit einzigartige Lagerhausquartier wurde in drei Bauabschnitten errichtet. Die Blöcke A bis O waren 1889 fertig, der zweite Abschnitt von 1891 bis 1897 umfasste die Blöcke P, Q und R. Der dritte Bauabschnitt zog sich, unterbrochen vom Ersten Weltkrieg und Inflationsjahren, von 1899 bis 1927 hin. Ein ursprünglich in Angriff genommener vierter Abschnitt auf der Ericusspitze wurde nie beendet.

Nach den Plänen des Hase-Schülers Franz Andreas Meyer, dem 24 Architekten und Bauzeichner sowie 15 Ingenieure zur Seite standen, rammten die Arbeiter zirka 30 Zentimeter starke Eichenpfähle drei Meter tief in den teils sandigen, teils marschigen Boden. Diese Pfähle wurden bündelweise in den Boden gestoßen, dabei mit Holmen verbunden. Der Beton dazwischen machte erst ein solides Fundament möglich.

Beim Bau der Speicher betraten die Ingenieure Neuland, indem sie vorgefertigte schmiedeeiserne Träger und Stützen verwendeten. Mit manchmal fatalen Folgen: Am 20. April 1891 brannte ein Kaffeespeicher aus und stürzte zusammen, weil die Pfeiler und Stützen der Hitze nicht standhielten. Vorübergehend griffen die Baumeister auf Holzfachwerk zurück. Weil es immer schwieriger wurde, geeignetes Holz zu finden, wurden dann doch wieder Stahlträger verwendet. Diese wurden mit feuersicheren Schutzschichten aus Kork und Zement ummantelt.

So wie viele andere Teile Hamburgs litt auch die Speicherstadt unter den Bombenangriffen der Alliierten. Von den ursprünglich 330.000 Quadratmeter Fläche wurde vor allem im Sommer 1943 und am 18. Juni 1944 fast die Hälfte zerstört. Nach dem Krieg wurden Fassaden rekonstruiert, die Blöcke A, B und C aber nicht wieder aufgebaut.

Durch die Zunahme des Containerumschlags wurde der Freihafenstatus der Speicherstadt immer entbehrlicher. So wurde die Freihafengrenze zunächst verlegt, seit 2004 ist das gesamte Gebiet der Speicher-

Speicherstadt: Teppiche, Gewürze, Kreativität

stadt außerhalb des Freihafens, mit Ausnahme der Teppichlager, zollrechtlich Inland. Im Jahr 2013 wurde die Zollgrenze vollkommen abgeschafft. Damit wurde auch der Ausbau der HafenCity vorbereitet.

Eine herausragende Funktion in der Speicherstadt hatten Quartiersleute inne. Sie waren meist auf bestimmte Güter spezialisiert und hatten von ihrem Metier ein fundiertes Wissen. Das galt ganz besonders für Tee und Kaffee, die von ihnen verkostet und zu Mischungen konfektioniert wurden. Die Bezeichnung Quartiersleute stammt vom lateinischen *quartus* (vier). Der Hintergrund: Animiert durch die Kaufleute, taten sich ehemals angestellte Lagerhalter zusammen und gründeten eigene Unternehmen, zugeschnitten auf die Bedürfnisse der hanseatischen Kaufmannschaft. Dabei haben sich immer vier zusammengetan. Einer davon gab seinen Namen für das Unternehmen, die anderen waren die Teilhaber, die Konsorten. Starb einer von ihnen, wurde die Witwe ausgezahlt, der Name gestrichen und durch den eines neuen Konsorten ersetzt. So konnte ein Vertrag zu einer langen Liste mit durchgestrichenen Namen wachsen. Am Ende standen immer vier Namen.

Die Nutzfläche beträgt heute zirka 630.000 Quadratmeter. Neben einigen Teppichhändlern sind hier Agenturen sowie Museen eingezogen. Darunter das Speicherstadtmuseum, das Zollmuseum und das Gewürzmuseum. Auch die größte Modelleisenbahnanlage der Welt, das »Miniaturwunderland«, ist hier zu Hause. Weit über das Quartier leuchten die Buchstaben der »Joop van den Ende Academy« sowie der Hafenbehörde »Port Authority«, dem ehemaligen Amt für Strom- und Hafenbau. Neben Architektur, Handel und Gastronomie bietet die Speicherstadt Kunstinteressierten ein buntes Kulturprogramm: Varieté, Lesungen, Ausstellungen, Künstlergespräche und Buchpräsentationen. Zu den Höhepunkten zählt die alljährliche Aufführung des »Jedermann«. In alten Gebäuden der Speicherstadt, geografisch aber nicht mehr in ihrem Areal, befinden sich die Elbphilharmonie und das Internationale Maritime Museum.

> **TIPP**
>
> *Spicy's Gewürzmuseum.* Im Gewürzmuseum in der Speicherstadt geht es auf 350 Quadratmetern um das große Thema Gewürze. Die Besucher können über 50 Gewürze anfassen, riechen und probieren. Wirkungen und Anwendungen von Gewürzen werden dargestellt und gezeigt, aus welchen Ländern die jeweiligen Gewürze stammen. Über 900 Ausstellungsstücke aus den letzten fünf Jahrhunderten geben einen Eindruck, wie Gewürze angebaut, geerntet, weiterverarbeitet und transportiert werden. Wichtiger Teil der Ausstellung ist die Rolle der Gewürze in der Geschichte, die eng mit Hamburg, der Speicherstadt und der Seefahrt verbunden ist.

Schwarze Gang, große und kleine Fische
Das Zollmuseum in der Speicherstadt

Haschisch im Surfbrett oder in Teppiche eingewebt, Schmuggelware im Holzbein oder Zigaretten im Brot versteckt – die Kreativität von Schmugglern ist grenzenlos. Ebenso groß ist die Erfahrung der Zöllner und ihrer vierbeinigen Helfer mit der besonders guten Nase. Der Beweis für beide Tatbestände wird im Deutschen Zollmuseum geführt. Im ehemaligen Zollamt Kornhausbrücke in der Speicherstadt werden auf 800 Quadratmeter Fläche rund 1.000 Objekte gezeigt. Dokumentiert wird die Arbeit des Zolls von der Römerzeit bis heute.

Wer also ein Faible für Kurioses und Abenteuerliches pflegt, erfährt hier viel Spannendes rund um die »Schwarze Gang«, wie die Zöllner von Seeleuten und Fachleuten genannt werden. Den Männern vom Zoll ist kein noch so abwegiges Versteck fremd, modernste Technik hilft ihnen bei ihrer Arbeit. Ihre spektakulärsten Erfolge machen Schlagzeilen und werden im Zollmuseum dokumentiert. Etwa wie vor wenigen Jahren über 1,33 Tonnen Kokain in einem Container entdeckt wurden. Das ist nur ein Bruchteil der geschätzten 1.000 Tonnen Kokain, die allein kolumbianische Kartelle jährlich in alle Welt schmuggeln. Dagegen waren die traditionell Schnaps oder Zigaretten schmuggelnden deutschen Seeleute kaum mehr als kleine Fische.

> **TIPP**
> *Miniaturwunderland.* Die größte Modelleisenbahnanlage der Welt ist eine der erfolgreichsten Touristenattraktionen Deutschlands. Auf der 1.300 Quadratmeter großen Fläche liegen insgesamt 13 Kilometer Gleise im Maßstab 1:87, auf denen 930 digital gesteuerte Züge verkehren. Nach dem Baubeginn im Dezember 2000 gingen im August 2001 die ersten drei Abschnitte in Betrieb. Seither wurden ständig neue Anlagenteile ergänzt. Die Erweiterungen brachten die Hamburger schließlich an ihr Ziel, die größte Modelleisenbahnanlage der Welt zu bauen. Am 5. Dezember 2012 konnte im Miniatur-Wunderland der zehnmillionste Besucher begrüßt werden, am 13. August 2014 waren es dann zwölf Millionen. Bisher haben die Gründer rund zwölf Millionen Euro investiert. Den Unternehmensgründern Frederik und Gerrit Braun sowie Stephan Hertz wurde für ihr soziales Engagement der deutsche Verdienstorden »Verdienstkreuz am Bande« verliehen.

Das Haus der Schiffe
Das Internationale Maritime Museum Hamburg

Oft erzählt, trotzdem immer wieder rührend: Ein kleiner Junge bekommt von seiner Mutter ein winziges, unscheinbares Schiff geschenkt. Dieses kleine Schiff zum Preis von 50 Pfennigen wird zum Grundstein einer gewaltigen Sammlung, die heute im Internationalen Maritimen Museum Hamburg zu Hause ist.

Der kleine Junge hieß Peter Tamm. Über Jahrzehnte hinweg trug er fortan Schiffsmodelle, Gemälde, Urkunden, Waffen, Bücher, nautisches Gerät sowie maritimes Allerlei zusammen. »Die Geschichte der Schiffe ist Geschichte der Menschheit«, so Tamms Credo. Entsprechend viele Exponate hat der ehemalige Verlagsmanager zusammengetragen. Darunter: 25.000 kleine und 900 große Schiffsmodelle, 5.000 Gemälde, 120.000 Bücher und Atlanten. Porzellan von Passagierschiffen, historische Uniformen, Handwerksgeräte, Möbel, maritime Briefmarken und Fotos finden sich in der Sammlung ebenso wie Konstruktionspläne und Dokumente.

Ginge es nach Tamms Kritikern, die es durchaus gibt, wäre manches Sammlerstück verzichtbar. Denn diese »Zeugnisse von Militarismus und Leid« verklärten die Geschichte, so der Vorwurf. Der Sammler sieht seine Rolle ganz anders: Gemäß seiner Präambel ist er der »Wahrheit verpflichtet«. Die Vergangenheit, so Peter Tamm gern in kleiner wie größerer Runde, müsse so »offen zutage liegen wie ein aufgeschlagenes Lehrbuch«.

Die Schiffssimulationsanlage im Maritimen Museum

Bis zum Jahr 2008 war die weltweit einzigartige Sammlung im Institut für Schifffahrts- und Marinegeschichte in der Elbchaussee beheimatet und der Öffentlichkeit nicht zugänglich. Im Juni desselben Jahres fanden die vielen Exponate im Kaispeicher B der Hafencity eine neue Heimat. Der Speicher wurde damals von der Stadt für 30 Millionen Euro renoviert und der Peter Tamm sen. Stiftung für 99 Jahre kostenfrei zur Verfügung gestellt. Bereits wenige Jahre später, im November 2012, konnte die 500.000ste Besucherin von Gründer Peter Tamm begrüßt werden.

Claas, wohin geht dein Blick?

Die Legende lebt
Störtebeker

Manche Geschichten und Legenden sind so gut, dass ihr Wahrheitsgehalt getrost vernachlässigt werden kann. Neben Figuren wie Robin Hood oder Till Eulenspiegel gehört vor allem Klaus Störtebeker zu den Männern, die Schriftsteller, Theatermacher und Cineasten bis heute faszinieren.

Angesichts der Kraft, des Mutes, des Gerechtigkeitssinns und seines unerschrockenen Charakters schwärmen Menschen jeden Alters seit Jahrhunderten für den berühmten Seeräuber.

Wer so stark und beliebt ist, der muss damit leben, dass er von vielen, dabei besonders vom Volk, für sich reklamiert wird. Vermutet wird, dass Störtebeker aus Rotenburg an der Wümme stammt. Berichtet wird von einer Schlägerei in Wismar und der Trinkfreudigkeit, die für den Namen des Piraten Pate stand. So soll der trinkfeste Mann einen Vier-Liter-Humpen Bier oder Wein in einem Zug leer getrunken haben.

Nebulös wie die Herkunft Störtebekers sind die Geschichten, die sich um seinen Schatz ranken. Wobei ungewiss ist, ob es ihn je gab. Die einen vermuten ihn auf Gotland verbuddelt. Störtebeker, angedockt bei den Vitalienbrüdern, hatte angeblich in der Hafenstadt Visby einen Unterschlupf gefunden. Andere vermuten den sagenhaften Schatz in der Stubbenkammer auf Rügen.

Der Legende nach machte Störtebeker Ost- und Nordsee (damals Westsee) so unsicher, dass die Hanse, vorneweg die Hamburger Kaufleute, die Piraten verstärkt verfolgten und den Seeräuber schließlich auf dem Hamburger Grasbrook enthaupten ließen.

Verrat, Heimtücke, der Traum von einer gerechten Ordnung – die Geschichten um Klaus Störtebeker beinhalten alle Mythen und Wünsche, um Menschen über Generationen hinweg zu fesseln. Dass jüngere Forschungen zu dem Schluss kommen, dass es den Piraten Klaus Störtebeker nie gegeben hat, interessiert dabei nur Museumsdirektoren und Historiker. Vom Barock über die Stummfilmzeit, vom Roman über Gedichte und Lieder bis hin zu Groschenheften und zahllosen Sachbüchern beschäftigten sich Menschen immer wieder mit der Gestalt Klaus Störtebeker.

In Hamburg fristet er als Denkmal ein eher kümmerliches Dasein. Von Verkehr und Betonbauten umzingelt, steht seine Bronze-Statue in der HafenCity. Simon von Utrecht hingegen, der laut Legende Störtebeker vor Helgoland gefangen nahm, wurde für seine »Verdienste« 1433 zum bislang einzigen Hamburger Ehrenbürgermeister ernannt. Die (nicht besonders attraktive) Simon-von-Utrecht-Straße auf St. Pauli erinnert an den Mann aus dieser legendenträchtigen Zeit.

> *TIPP*
> **Stubnitz.** Das ehemalige DDR-Fischereischiff wird seit 1992 als Kulturschiff genutzt und liegt in der HafenCity am Kirchenpaukerkai – mit Blick auf das Olympiagelände. Auf der über 50 Jahre alten »Stubnitz« werden Konzerte, Lesungen und Ausstellungen geboten. Lange war die Existenz der schwimmenden Bühne unsicher. Dank einer Spendenaktion im Internet, privater Geldgeber und Unterstützung der Hamburger Clubstiftung konnte der in großen Teilen im Original erhaltene ehemalige Fischdampfer für Hamburgs Kultur erhalten werden.

Die Architektur der HafenCity

> **TIPP**
> ***Marco-Polo-Terrassen.*** *Wie schreitet der Bau der Elbphilharmonie voran? Wird der so oft verschobene Eröffnungstermin gehalten? Auf den Marco-Polo-Terrassen in der HafenCity stellen sich diese Fragen intensiv. Interessant ist auch der Blick in die andere Richtung, denn ab dem Frühling liegen wieder vermehrt Luxusliner am Kreuzfahrtterminal.*

HAMBURG-WISSEN
Hamburg allgemein

Brücken. Hamburg gilt mit rund 2.500 Brücken als eine der brückenreichsten Städte in Europa. Bedingt ist diese hohe Zahl durch die Lage an Elbe, Alster und Bille nebst zahlreichen Nebenflüssen, Fleeten und Kanälen. Hinzu kommt der Ausbau des Hafens und dessen Anschluss an ein dichtes Straßen- und Eisenbahnnetz, das die vielen Wasserläufe überbrückt. Imposante Brücken stehen in der Speicherstadt.

Die **Elbphilharmonie** ist ein seit April 2007 im Bau befindliches Konzerthaus in der HafenCity. Der Entwurf und die Planung des 110 Meter hohen Gebäudes stammen vom Basler Architekturbüro Herzog & de Meuron. Bauherrin ist die Stadt Hamburg. Durch massive Kostensteigerungen und erhebliche zeitliche Verzögerungen gilt der Bau mittlerweile als Skandalprojekt. Anfangs sollte der Bau 77 Millionen Euro kosten. Bereits 2007 waren die Kosten auf 114 Millionen Euro gestiegen. Im April 2013 verkündete Hamburgs Bürgermeister Olaf Scholz, dass das Projekt die Steuerzahler insgesamt 789 Millionen Euro kosten würde. Die Eröffnung wurde immer wieder verschoben. Stand aktuell: Die Elbphilharmonie soll am 11. Januar 2017 mit einem Konzert eröffnet werden.

HafenCity. Auf einer Fläche von 157 Hektar soll bis etwa 2025 ein »lebendiger Stadtteil mit maritimem Flair, das Arbeiten, Wohnen, Kultur, Freizeit, Tourismus und Einzelhandel miteinander verbindet« entstehen. Die zentrale Lage und der hohe Qualitätsanspruch sollen die HafenCity von anderen großen internationalen Bauvorhaben in Wasserlage unterscheiden. Touristen ziehen interessiert-neugierig durch die oft zugigen Häuserschluchten, Hamburgern ist das neue Viertel jedoch häufig zu kalt, nicht grün genug. »Ist da jemand?«, titelte eine Wochenzeitung im Januar 2015. Aber wer weiß? Gut Ding will Weile haben. Und interessant ist es allemal!

Hamburger »Jedermann«. Das ursprünglich von Michael Batz als Theaterexperiment geplante Stück gehört heute zum festen Bestandteil der Hamburger Kulturszene. Die 1994 erstmals in der Speicherstadt aufgeführte Adaption des »Jedermann« von Hugo von Hofmannsthal trug erheblich zur Wiederentdeckung des Quartiers bei. Der »Hamburger Jedermann« wird immer im Juli und August in der Speicherstadt aufgeführt.

Feuer und Flamme für Olympia
Über etwas, das man noch nicht sieht

Geht es nach den olympiabegeisterten Hamburgern, vorneweg Innensenator Michael Neumann, reisen im Jahr 2024 Sportler aus aller Welt an, um zu rennen, zu werfen, zu stemmen, ihre Kräfte in vielen Disziplinen zu messen. Es ist allerdings noch ein weiter Weg dahin. Denn will Hamburg zur Olympiastadt aufsteigen, muss eine ganze Reihe von Hürden genommen werden. Rund 50 Millionen Euro wird allein die Bewerbung verschlingen. Bewerbungs-Dossiers müssen geschrieben, eine Bewerbungsgesellschaft gegründet, ein Verkehrskonzept erstellt, Mitarbeiter gefunden werden.

Außerdem wird es die Spiele in Hamburg nur geben, wenn die Hamburger mit großer Mehrheit wirklich Feuer und Flamme sind und bleiben. Das wiederum werden sie nur tun, wenn sie wissen, wie teuer der Spaß ungefähr wird. Allein das Freiräumen des Hafengeländes auf dem Kleinen Grasbrook wollen sich die Hafenbetriebe schon gut bezahlen lassen. Über die Kosten schweigt die Hafenverwaltung bisher.

Geplant sind auf dem Kleinen Grasbrook neben dem Olympiazentrum auch 3.000 Wohnungen. Macht der Hafenlärm ein späteres Wohnen an dieser Stelle überhaupt möglich? Was kosten die Spiele in Hamburg? Erste Schätzungen gehen von sechs Milliarden Euro aus. Allein die Sportstätten, so schätzt der Hamburger Senat, kosten zwei Milliarden. Was Bahnen, Straßen und weitere Infrastruktur kosten, ist noch unklar. In London dauerte es zwei Jahre, bis halbwegs verlässliche Zahlen vorlagen.

Die größten Investitionen sind auf dem Kleinen Grasbrook geplant. Mittelpunkt ist dabei das Olympiastadion für 70.000 Menschen sowie eine Sport- und Schwimmhalle für jeweils 15.000 Zuschauer. Weiter sollen im Volkspark ein kleines Stadion für Rugby sowie in Wilhelmsburg eine Kanustrecke gebaut werden. Aus der Olympiahalle auf dem Grasbrook soll später ein ohnehin geplantes weiteres Kreuzfahrtterminal mit Hotel, Büros und Geschäften werden.

Kann sich Hamburg als »Candidate City« qualifizieren, muss sich die Hansestadt möglicherweise gegen Weltstädte wie Paris oder Istanbul durchsetzen. Der Favorit soll Boston sein. Über den Austragungsort entscheiden IOC-Wahlmänner aus Australien oder Senegal. Ob die alle Hamburg kennen, darf bezweifelt werden. Vielleicht sollten sie sich das Areal am Fluss einmal ansehen. Der Blick von dort gen Westen, die Elbe hinab, ist jedenfalls allererste Sahne. Das bleibt auch dann so, wenn es die Spiele erst 2028 in Hamburg geben sollte. Und sogar, wenn sie gar nicht kommen. Jedenfalls ist der kleine Grasbrook für jeden schon mal einen Blick wert, man kann sich dann so schön vorstellen, wie es werden könnte: Olympische Spiele am Fluss.

> *TIPP*
> **Entenwerder.** *Etwas abseits der bekannten Hamburger Stadtteile, jedoch trotzdem nur zwei S-Bahn-Stationen vom Hauptbahnhof entfernt, liegt Rothenburgsort. Seine südliche Abgrenzung zur Elbe hin bildet die Halbinsel Entenwerder, auf deren gesamter Fläche sich der Elbpark Entenwerder erstreckt. Wer Industrieromantik schätzt, hat von hier einen einmaligen Blick auf Kräne und Brücken. Vom Elbpark Entenwerder führt ein Radweg bis in die City.*

S. 120/121: Ein Eimerbagger in der Elbe vor der Hafencity und den Kränen des Hafens

INS BLAUE

An Land
Ein Seemann und Autor blickt zurück auf seine Jahre am Elbufer

Sein erstes möbliertes Zimmer bot Elbblick. Dem jungen Mann, der mehrere Jahre beruflich vom Wasser unterschiedlicher Meere umgeben war, bedeutete das wenig. Erst später begriff er, dass sich Vermieter den Blick auf den zwar inbrünstig besungenen, doch eher selten blauen Strom mit einem kräftigen Aufschlag bezahlen ließen.

Die Nähe zur Elbe bedeutete für den eher durch Zufall nach Oevelgönne geratenen Seemann, vor allem an Wochenenden nicht ausschlafen zu können. Denn die Gespräche der frühen Spaziergänger weckten ihn bereits vormittags. Für einen, der sich an das Landleben erst langsam gewöhnte, war klar, dass es in Kneipen wie *Tante Hermine*, der *Seglerbörse* oder der *Zwiebel* später wurde. So spät, dass manche Klausur verpasst oder gründlich versemmelt wurde. Und auch so spät, dass die Spaziergänger störten.

Auf dem Weg zur Seefahrtschule krähte ihm regelmäßig eine auf einer Bank vor dem Haus sitzende ältere Dame entgegen: »Sie sind doch der Steuermannsschüler, der beim Lührs wohnt.« Ja, richtig. Aber nicht ganz neu. Wie sie selbst gewöhnte sich auch ihr Hund nicht an den jungen Mann mit der Aktentasche unterm Arm und knurrte ihn auch noch nach Monaten an.

Viele Jahre vergingen und der ehemalige Steuermannsschüler blickte von einem neuen Zuhause auf die Elbe. Ein paar Kilometer weiter westlich, aus einem an einem Hang gelegenen Haus. Auch hier galt: Die Vermieter langten ordentlich zu, das Elbwasser war zwar sauberer als damals, doch immer noch selten so richtig blau. Und trotzdem ließ die Elbe den inzwischen ergrauten Mann nicht mehr los. Als Spaziergänger, mit und ohne Hund, frisch verliebt, mit hängendem Kopf, Händchen haltend, dauerlaufend, Rad fahrend, trunken in die Büsche stürzend, am Strand sitzend Schiffe guckend, lesend, Musik hörend – die Elbe begleitete ihn über die Jahrzehnte.

So verschieden die Lebensphasen, so unterschiedlich waren dann auch die Lieblingsorte. Als die *Strandperle* sich wandelte, vom Tanten-Café mit Sahnetorte und Filterkaffee zum angesagten Treffpunkt, wurde hier schon mal ein Sommersemester in den Sand gesetzt. Ein paar Bücher lagen auf dem Tisch, doch es gab viel zu viel zu sehen, als dass Theorien oder Abenteuer anderer von Interesse waren. Der Seesack war längst schon im Schrank verstaut, an jedem zweiten Tisch saß damals ein bekanntes Gesicht. Das änderte sich, als die *Strandperle* immer häufiger in Städteführern erwähnt wurde. Erst kamen die Pinneberger und andere ländliche Reihenhausbewohner, dann immer mehr Gäste von weit her. Bei wolkenverhangenem Himmel ist die gute alte Strandkneipe immer noch ein lohnenswertes Ziel für Menschen, denen größere Ansammlungen bedingungslos Vergnügungswilliger suspekt sind.

Abseits des Trubels der Strand, das Spiel von Ebbe und Flut, der selbst gefüllte Picknickkorb, manchmal Champagner, häufiger Wein – zahllose Abende füllen die Erinnerungen. Unvergessen der Freund, der nach einem Straßenfest in Blankenese sturztrunken vom Fahrrad fiel, auf dem Elbwanderweg liegen blieb – und einschlief. Ebenso unvergessen, wie die erste Verabredung am Anleger Teufelsbrück romantischer endete als erwartet und wenn sich eine attraktive Unbekannte mit an den Tisch eines dubiosen Elb-Lokals setzte. Wenn das Elbwasser die erhitzten, von Schuh befreiten Füße, umspülte. Wenn die Sterne funkelten. Immer dann war und ist das so oft fehlende Blau der Elbe vergessen.

»Nichts erwarten – alles erhoffen«: Nicht immer ließ sich der Satz beherzigen. Über häufiges Scheitern, gelegentliche Erfolge lässt sich immer noch besonders gut am Ufer sitzend nachdenken. Auch wenn dem Brütenden dabei Toilettensprüche wie »Alles fließt« einfallen. Am Flusse sitzend, schwimmt auch irgendwann die Leiche deines Feindes vorüber. So oder so ähnlich ein buddhistischer Merksatz.

Wer klar denken, klar fühlen will, der muss auch gut zu sich selbst sein. Das beginnt mit der Verpflegung. In seiner Seefahrtzeit bekam unser Seemann drei warme Mahlzeiten täglich von einem Steward serviert, mittags als dreigängiges Menü. Die damals in den Tropen übliche Kaltschale hat er später nie wieder auf einer Speisekarte gefunden. Entdeckt hat er dafür die Große Elbstraße mit ihren Restaurants und einem Edel-Supermarkt. Im *Marseille* in der Großen Elbstraße sitzt unser Elbwanderer gern am Tisch. Ins *Carls* in der Hafencity oder auf die Lindenterrasse im *Louis C. Jacob* lässt er sich gern einladen.

Und wenn der Absturz gelingen soll, dann geht er in den *Seeteufel*. An ganz besonderen, seltenen Abenden fühlt der Gast sich mit allen und jedem verbunden. Die Elbe nur einen Steinwurf entfernt, vor sich ein nie sich leerendes Glas, im Kopf Sven Regeners Textzeile: »Über dir, über mir – dieselben Sterne«.